痩せるなんてかんたんよ

……痩せるも太るも、「細胞呼吸法」しだい……

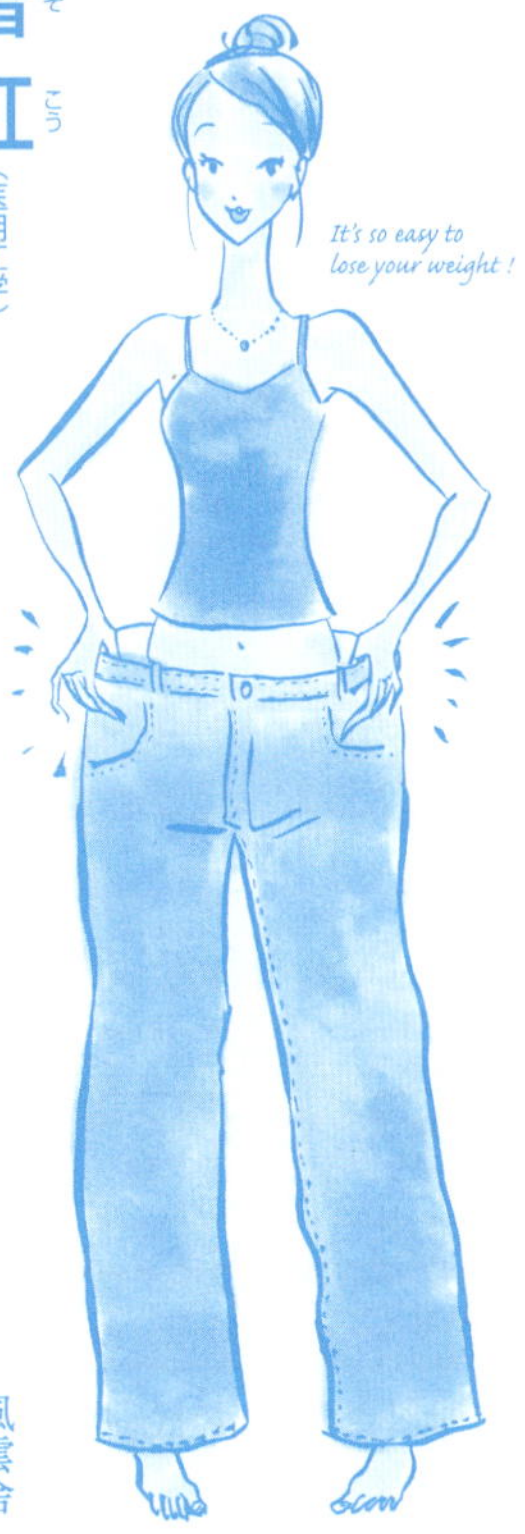
It's so easy to
lose your weight !

曽《そ》 紅《こう》
（医用工学）

風雲舎

後世畏《おそ》るべし

帯津　良一

古代の中国、農耕に明け暮れする人々が、疲れを癒すために両手を上げて伸びをしたり呼吸をしたりしたのが気功の始まりとするのは、懐かしい馬済人《まさいじん》さんです（『中国気功学』東洋学術出版社　一九九〇年）。

しかし、気功という名称そのものはそれほど古いものではありません。一九五〇年代に北載河《ほくさいが》気功療養院の劉貴珍《りゅうきちん》氏が、その著書である『気功療法実践』のなかで、「正気を養うことを主たる目的とする自己鍛錬法を気功と呼ぼうではないか」と提案したのが始まりといわれています。それまでは「導引吐納《どういんとのう》」という名称で括《くく》られていましたが、さまざまな養生法や医療技術を新生中国にふさわしい名称で統一しようとする意図が劉貴珍氏にあったのではないでしょうか。

その導引という名称は戦国時代（BC403―221）に著された中国最古の医書『黄帝内経《こうていだいけい》』に導引按蹻《どういんあんきょう》という名で初めて現われたとされていますが、同時代の『荘子《そうじ》』のなかにもみられ、

導気令和《どうきれいわ》・気を導いて和せしめ
引体令柔《いんたいれいじゅう》・体を引いて柔せしむ――

の文をもって導引の語源とする説があります。

要するに、身体を揺り動かして経絡《けいらく》を伸び伸びさせることを言っているのでしょう。

一方、吐納についても『荘子』に、
「吸呴《すいく》呼吸し、吐故納新《とこのうしん》し、熊経鳥伸《ゆうけいちょうしん》するものは……」
とあるのを、馬済人さんは、
「深々と呼吸して気の新陳代謝をはかり、身体を熊が木にぶら下がったときのようにしたり、足を鳥が飛び立つときのようにすばやく伸ばしたりして……」と訳しています。

吐納法のことを私も簡単な「呼吸法」と理解していましたが、この曽紅さんの本を読むと、吸呴呼吸のほうが呼吸法で、吐故納新は、古きを吐き、新しきを納めるということで気の新陳代謝と考えたほうがよいのかもしれません。

としますと、

「私の教室では、風船をしぼませるように、おなかをへこませて息を吐きます。これを『吐気』といいます。息を吐くのです。吐き終わると、風船をふくらませるイメージでおなかをゆるめます。ゆるめることで自然に空気が入ります。これを『納気』といいます。吸うのではなく、空気を体内に納《おさ》めるのです……」

としているのは、まさにご賢察。呼吸法に対する新しい問題提起ではないでしょうか。つまり納気によって、運動量が減少することによってエネルギーの消耗を防ぎ、ミトコンドリアでのエネルギーの大豊作を招くことによって、大脳の「満腹中枢」が食欲を抑えてくれるということなのです。

ところでわが国の呼吸法のルーツは江戸中期、臨済宗の中興の祖と慕われる白隠禅師《はくいんぜんじ》です。師の「内観《ないかん》の法《ほう》」は呼吸法の原点ともいうべき攻法です。ちなみに呼吸法といえば気功もヨーガも神道の行法も、「調身、調息、調心」の三要素を備えたものすべてが含まれます。「内観の法」では熟睡したあと、仰臥位《ぎょうがい》のまま両脚を伸ばして強く踏みそろえ、一身の元気を呼気とともに気海丹田《きかいたんでん》、腰脚《ようきゃく》の間に充たしていく。これが調身と調息。

次いで、

「時々《じじ》に此観《このかん》を成すべし」と続いて、「我が此の気海丹田、総《そう》に是《これ》我が本来の面目《めんぼく》、面目何の鼻腔《びこう》がある……」

つまり自分の丹田こそ本来の自分であり、自分の故郷であり、浄土であり、阿弥陀様であるという想念を抱いていく。これは、まさに調心そのもの。

そしてこの想念の効果が積もれば、

「臍下瓠然《せいかこぜん》たること、いまだ篠《しの》打ちせざる鞠《まり》の如けん」

とあります。

つまり呼気とともに臍下が瓢箪《ひょうたん》のように充実してくること、篠打ちして柔らかくする前の固く張った蹴鞠《けまり》のようであるというのですから、これはまぎれもなく逆腹式呼吸です。


逆式にしても順式にしても呼吸法の多くは呼気を重視しています。

これは情報化社会にあっていつも交感神経が優位に、副交感神経は置いてきぼりをくっているという自律神経のアンバランスを是正するためにも、あるいは体内で増大しようとするエントロピーを捨てるためにも至極妥当な話なのです。

酸素を取り入れるために吸気に重点を置いているのは郭林新気功《かくりんしんきこう》です。がん細胞は酸素が嫌いということを考えれば、これまた至極妥当な話ではあります。

そしてわれらが曽紅さんの「ミトコンドリア細胞呼吸法」です。エネルギー産生系の一方の旗頭であるミトコンドリアが十二分に脂肪を分解して最大限のエネルギーを生み出すために、これまた十二分な酸素を供給しようという「納気延長法」は、呼吸法の歴史のなかに燦《さん》として輝く、まさに偉業です。

馬済人さんがご存命ならば『中国気功学』のなかで、曽紅さんの偉業に触れるようにきっと進言したにちがいありません。

後世《こうせい》畏るべし。

この言葉を曾紅さんに贈って筆を擱《お》きたいと思います。

（帯津三敬病院名誉院長　日本ホリスティック医学協会会長）

瘦せるなんて　かんたんよ――目次

《第2章》 痩せるための「納気延長法」

3・吐気延長法の嬉しい「福」作用……157

カバー絵・本文イラスト……………maimai
カバー装幀……………………山口真理子
編集協力……………………編集工房レィヴン
DTP・校正………………………山崎　佐弓

（はじめに）

本当に痩せられますか？

「ごらんのとおり、私はお相撲さんクラスです。こちらの学園で痩せられるのであれば痩せたいのですが、こんな私でも本当に痩せられますか？」

そう言って、私の主宰する「細胞呼吸学園」を訪れた二十代の女性がいました。八年前のことです。当時、彼女の体重は96キロでした。明らかに太りすぎです。

お話を聞いてみると、彼女は子どものころから太っていて、これまで何度かダイエットに挑戦したようです。しかし思うような結果が出なくて、「どうせ私にはムリ」と半ばあきらめていました。

そこで私は、68キロとブヨブヨに太っていた昔の写真を彼女に見せました。彼女ほどではないにしろ、充分におデブさんです。

「えー！　本当ですね。まるで別人みたい……」

と彼女は目を見開いて、昔の写真と、52キロに痩せてスリムになった目の前の私を見くらべ、うらやましそうに微笑みました。

さっそく私が提唱する「納気延長酸素ダイエット法」という吐納法にチャレンジ。息の仕方を変えるだけで、彼女は着々と体重を減らし、体調もよくなり、人生に自信を取り戻していきました。最終的にはなんと35キロの減量に成功し、リバウンドもなし。その後、めでたく結婚し、いまは一児の母として幸せに暮らしています。

私は一九八五年に来日して以来、もう二十九年経ちます。それまでは中国の大学で日本語科の助教の仕事をしていました。「見つかる」と「見つける」という類義語の違いを学生さんに説明できない悩みを抱えて来日。東海大学の日本文学修士課程修了後、学習院大学日本文学博士後期課程に入学、日本の古代文化と中国少数民族の文化との比較研究を続けました。その間、日本と中国山岳少数民族の居住地域を行き来していましたが、無理なダイエットをしたら体調を崩してしまいました。とにかく全身の関節が痛いのです。病院ではリウマチと似たような膠原病と診断され、そのうち一睡もできなくなり、うつ病の患者となって、つらい毎日を過ごしていました。

やがて中国に戻って、廣州中医薬大学の「医学気功学」、北京中医薬大学の「中医気功学」、北京体育大学の「導引養生功」などを学び、それを実践したところ、不思議なことに、うつ病や不眠などの症状が改善されていったのです。おまけに体重も68キロから51キロに減り、元気を取り戻した私は身も心も軽くなり、吐納法に感謝しました。廣州中医薬大学で教えてくださった肖鑫和《しょうきんわ》教授は、「中国のこの宝物を日本の人々に伝えてください」という気持ちを私に託し、そのための教室開設のプランまで考えてくださいました。

その後、私は住まいのある茨城県牛久《うしく》市で「ミトコンドリア細胞呼吸学園」という教室を開設し、不眠から癌、不定愁訴やさまざまな症状で悩んでいる方々に腹式で息をする方法を教えるようになりました。基本的には中国で学んだ「吐納法」を基にした簡単な呼吸法です。そうして開設以来、みなさんのさまざまな症状に改善が見られ、嬉しい報告をたくさんいただくようになりました。さらに、科学的にその呼吸法を検証するため、桐蔭横浜大学大学院（工学研究科医用工学）博士課程に入学し、川島徳道教授らのご指導のもと、「腹式呼吸法の生理作用効果に関する研究」をテーマに博士論文の研究をしました。

私の教室は、ダイエットだけのために通う方はそう多くはいませんが、これまでに54名の方が痩せたい夢をかなえました。

みなさんから、3キロ、5キロ、7キロの小減量ばかりでなく、20キロ、35キロと、「気がつくと、痩せちゃいました！」との大減量報告も受けました。洋服のサイズも、LLから

L、LからM、MからSに戻り、多くの方が嬉しさを隠せません。それだけではありません、体重が減るだけではなく、血圧が下がり、体温が上昇し、不妊解消、更年期障害にサヨナラ……と多彩な「福」作用も得られて喜んでいます。

むずかしいですか？

ある日、生徒さんが心配そうに話しました。

「先生見ましたか？　大好きな歌手のA子さんが泣きながら、毎日、苦しい筋トレを一、二時間、ウォーキングを一、二時間。さらに息を強く吐く呼吸法に加え、山盛りのキャベツだけという食事制限をしているそうです。ダイエットってあんなに苦しいものなんですか。変ですよね」

私の教室では、みなさんはいつも笑顔で酸素ダイエット法という吐納法を楽しんでいます。むずかしいものも苦しいこともなに一つありません。おなかをへこませてはふくらませる――単純な動作の腹式の吐納法だけです。食事制限もなく、お肉をおいしく食べています。みなさん、マイペースで歩きながら、電車で座りながら、テレビを観ながら、寝っころがりながら、いつでもどこでも吐納法を基にした酸素ダイエット法を楽しんでいます。

ある七十代の女性は血圧が高いので、「もっと痩せなければ」と主治医にきつく言われました。そこで、毎朝ふとんの中で痩せる効果がある納気延長酸素ダイエット法を練習したところ、簡単に目標の4キロ減をクリアーしました。この方法は酸素を多く取り入れる吐納法です。痩せるカギは酸素にあります。専属トレーナーも、エステもサプリも必要ありません。酸素は無料でとり放題。本物は案外シンプルで簡単なものなのです。

吸わないことが重要です

私の教室では、風船をしぼませるように、おなかをへこませて息を吐きます。これを「吐気」といいます。息を吐くのです。吐き終わると、風船をふくらませるイメージでおなかをゆるめます。ゆるめることで自然に空気が入ります。これを「納気」といいます。吸うのではなく、空気を体内に納《おさ》めるのです。意識して息を吸うことはしません。息を吸うことは決して健康によいとはいえないからです。

納気が「むずかしい」という方もいました。

「昔、私たちは深呼吸を習いました。おなかをへこませて頭のてっぺんに向かって息を大きく吸っていました。先生の細胞呼吸法では息を吸わないのが鉄則だけど、どうしても息を吸う癖が忘れられなくて……」

これは「吸気」と「納気」との混乱です。息を吸うのではなく、まず息をちゃんと吐けば、空気は自然とおなかに入ってくるものなのです。これが納気です。そして、ちゃんと酸素を取り入れることができるのです。

瘦せたい人は納気延長を、太りたい人は吐気延長をしっかりとマスターしてくださいといつも私は繰り返しています。これは一生の宝になります。

瘦せるには酸素が必要です

瘦せる仕組み、つまり、体脂肪を分解する決め手になるのは酸素です。酸素がないと、脂肪を分解する酵素が働きません。

身体の中には、体脂肪を分解する唯一無二の場所があります。それは細胞の中にある「ミトコンドリア」と呼ばれる細胞呼吸小器官です。彼らは刻々と酸素を取り入れ、酵素をフル回転させて体脂肪を次々と分解してエネルギーに変換してくれています。ミトコンドリアの研究では8人の科学者がノーベル賞を受賞していますが、その働きを活性化することが大事だと世界中で注目されているからです。

瘦せるのは脂肪を取り除く「引き算」ではありません。脂肪を分解することは、体力、体温、性ホルモン、神経伝達物質が増幅する「足し算」なのです。だから、みんなできれいに瘦せて、美しさを足しましょう。

教室では、痩せたい方には「納気延長法」を、太りたい方には「吐気延長法」をお薦めしています。痩せるも太るも、呼吸一つで違います。電車の「上り」と「下り」をまちがえると、目的地に行けませんね。太りすぎも痩せすぎも健康によくありません。今日から吐納法でご機嫌なボディーを、自由自在に調整しましょう！

曽　紅

平成二十六年十一月二十日

《第1章》

息を吸うと病気になる

1・人間は息を吸わないようにできている

息を吸わないでください

「息を吸わないでください」と私が言うと、こんな反応が返ってきます。

「え？　息を吸わないの？」

「いやいや、私たちはみんな吸っていますよ」

「深呼吸って、ハイ、息を大きく吸って……一、二、三と教わってきました」

「お父さんの代から深呼吸をしていましたよ」

「息を吸うのはどうして悪いのですか？」

「何十年も健康増進のために吸ってきたわよ」


息を吸わなかったら死んでしまう――と思っていませんか。

本来私たちは寝ているときも、起きているときも、じつは、息を吸っていないのです。息は吐いたら自然に入ってくるものなのです。人間は息を吸わないようにできています。

吸うと体調が悪くなります。病気になります。さらに病気が悪化します。

世の中には、息を「吸う」ことを健康法として提唱される先生もいますが、私の教室では「吸う」という言葉は存在しません。「吸気」という言葉もありません。「吸う」はノーです。まず一番大事なこと、「息は吸ってはいけない」ということを知っておいていただきたいと思います。

産声は息を吐くため

「おぎゃあ」という産声《うぶごえ》は何のためだと思いますか？

新生児の産声は声を出すためではありません。息を吐くためです。

人間は声を出すとき息を吐いています。声を出すときには、おなかをへこませながら息を吐いていますよね。それ以上息を吐けなくなると、一瞬、おしゃべりが止まります。吸うときは声を出すことができませんものね。

産声を上げられない新生児の顔は酸欠状態で真っ青になっていきます。看護師さんは、なんとか泣かせ、産声を上げさせ、息を吐かせようとします。息が吐けないと、外部の空気が赤ちゃんの肺の中へ入っていかないからです。赤ちゃんがしっかりと息を吐いてしまえば、気圧の高い空気が、自然と肺の中に押し込まれます。自然界の空気圧は、肺の中より高いのです。だから吸わなくても、酸素が自然に肺の中に入ってくるのです。

産声は、人が生まれて初めて吐きだす最初の吐気です。

産声を上げる、つまり息を吐くと、吸わなくても外気が流れ込んでくるようになっています。赤ちゃんは息を吸っていません。吸うのは母乳です。母乳を満足に吸った後、すやすやと眠りに入ります。その微笑ましい寝顔にも、息を吸う様子はありません。吸う必要がないからです。ちなみに、人間は息を吐けなくなると、外気が肺の中へ流入できなくなり、死んでしまいます。呼吸の原点は吐気にあり、吐気は生の証《あかし》なのです。

人間も犬も猫も吸っていない

私の教室に見える初心者の多くは、おなかをへこませて首や肩を伸ばして息を吸います。

「いま、息を吸っていませんか？」

「はい、吸っていました」

「私たちは息を吸いません」

「え？　え？　吸わないの？」

と驚きを隠しません。

外気の気圧は高いので、息を吐き終わると、気圧の高い外気が嫌でも自然に肺に流れ込んできます。人間が息を吸うときといえば、パニックになったとき、「過呼吸」のとき、泣く

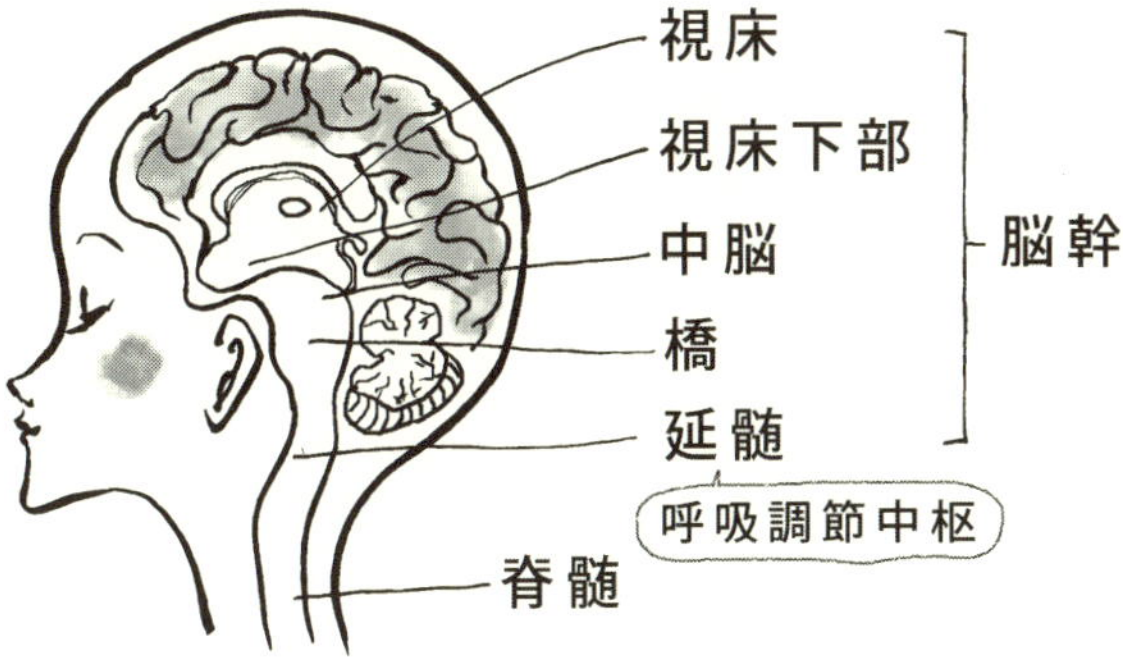

脳の中には呼吸を調節する中枢があります

とき、そして、死ぬ直前、息を吐けなくなるときです。故意に吸うと、身体が悲鳴をあげます。試しに2、3分吸い続けてごらんなさい。きっと苦しくなります。

脳の呼吸中枢は刻々と吐息を命令する

私たちの肺呼吸を支配しているのは何者でしょうか?

身体の中には二酸化炭素と酸素の濃度を感知するセンサーが数多く存在しています。血液中の二酸化炭素の濃度が高くなると、それらの情報は脳の中の呼吸中枢の「吐気ニューロン」「吸気ニューロン」に伝わり、「呼息ニューロン」が息を吐くように命令します。

息を吐き終わると、外気の気圧が高いので、外気が自然と肺に入ってきます。そして一定の酸素量を納めたら、再び呼吸中枢は「そろそろ吐息へ切り替えましょうね」と吐気を喚起します。この「呼吸中枢」は生命を維持する上で最も原始的な脳領域です。

吐気は副交感神経の支配を受け、納気は交感神経の支配を受けています。交感神経が緊張すると、呼吸数が増えます。

また、呼吸中枢全体は、大脳から末梢までさまざまな影響を受けています。大脳から喜び、恐怖、緊張、悲しみなどの信号を受けとると、呼吸中枢はすぐに呼吸に変化をもたらします。

ワハハと笑うときは、息を長く大きく吐きます。泣きだすと、息をヒックヒックと吸ってしまいますね。パニックになると、うまく吐けないから吸えなくなります。

生命維持のために、脳が吐気命令をずっと出しているのです。

2・「吸気」ではなく「納気」

古代中国人は、「呼吸法」のことを「吐納法」と言った

古代中国では、「呼気」は「吐気」、「吸気」は「納気」と表現したのです。

古代の中国人は、「呼吸」ではなく、息を「吐く」、息を「納める」で、「吐納」と呼んでいました。

私たちはふだん意識的に息を吸っていません。そのため古代人は「吸」という文字を使いませんでした。「吸」に対して、気圧の高い外気がひとりでに流れてくるのを納める「酸素納入」の「納」を使って、呼吸法のことを「吐納法」と呼んでいたのです。

吐納法のやり方

① 「吐気」 おなかをへこませて息を吐いて（4〜8秒）肛門を締める。
② 「納気」 おなかと肛門をゆるめ、外気が流入してくるのを待つ（4〜8秒）。

①息を吐く

②息を納める

呼吸法と吐納法の違い

「呼吸法」と「吐納法」の違いは、はっきりしています。
違いは、息の仕方の優先順序と腹部の動きにあります。

①優先順序の違い。

呼吸法はまず息を吸います。吐納法ではまず息を吐きます。

私たちの身体は二酸化炭素と酸素とのバランスを調えるために、絶えず副交感神経の一つである肺迷走神経を通し、吸息中枢を抑えています。その結果、吸息から呼息へ切り替えるように調整しています。迷走神経を切断すると、この反射的な切り替えが消えてしまうのです。人間は息を吐けなくなると、外気が入ってこなくなります。外気の気圧が高いため、呼吸中枢は刻々と吸気から呼気へと切り替え、呼気が終わると、自然に、気圧の高い外気が入流してくるようになっています。優先的に吐くことが大事なのです。

②腹部の動きの違い。

呼吸法は、息を吸うときに、おなかをへこませて肩も首も伸ばし、一生懸命力んで息を吸います。外気を受け入れるときのおなかは凹型です。

吐納法では、おなかをへこませて息を吐き終わると、次におなかをゆるめて、外気が鼻からおなかへ自然に入ってくることに任せます。その結果、おなかはふくらみます。ですから、外気が入るときのおなかの形は凸型です。

たとえば、風船に空気を入れましょう。風船のボディーをへこませる「凹型」よりも、ふくらませた「凸型」のほうが空気の納入量が違うでしょう。酸素はおなかをへこませて吸って入れるものではありません。お腹を凸にして、自然に入ってくるのを納入するのです。

吸気では交感神経が血管を収縮させる

「息を吸って、吐いて、吸って、吐いて」

深呼吸を1分間も続けると、力んで息を吸うことの苦しさが分かります。

長くやっていると、めまい、動悸、息切れ、ときにはパニックを起こすこともあります。

めまいを感じて外来に行くと、医者によっては、この息を吸う方法を用いて、「過換気症候群」（過呼吸による心身症）であるかどうかを診断します。

息を吸うと、交感神経が興奮して血管が収縮します。すると、脳に十分な酸素が送り込まれなくなり、めまいなどの症状が起こります。二、三息ほど吸うだけなら問題は生じませんが、まじめに吸うと、「マジでヤバイ」状態になります。酸素は意識的に吸ってとり入れるものではありません。自律神経の支配下にあることを忘れてはいけません。

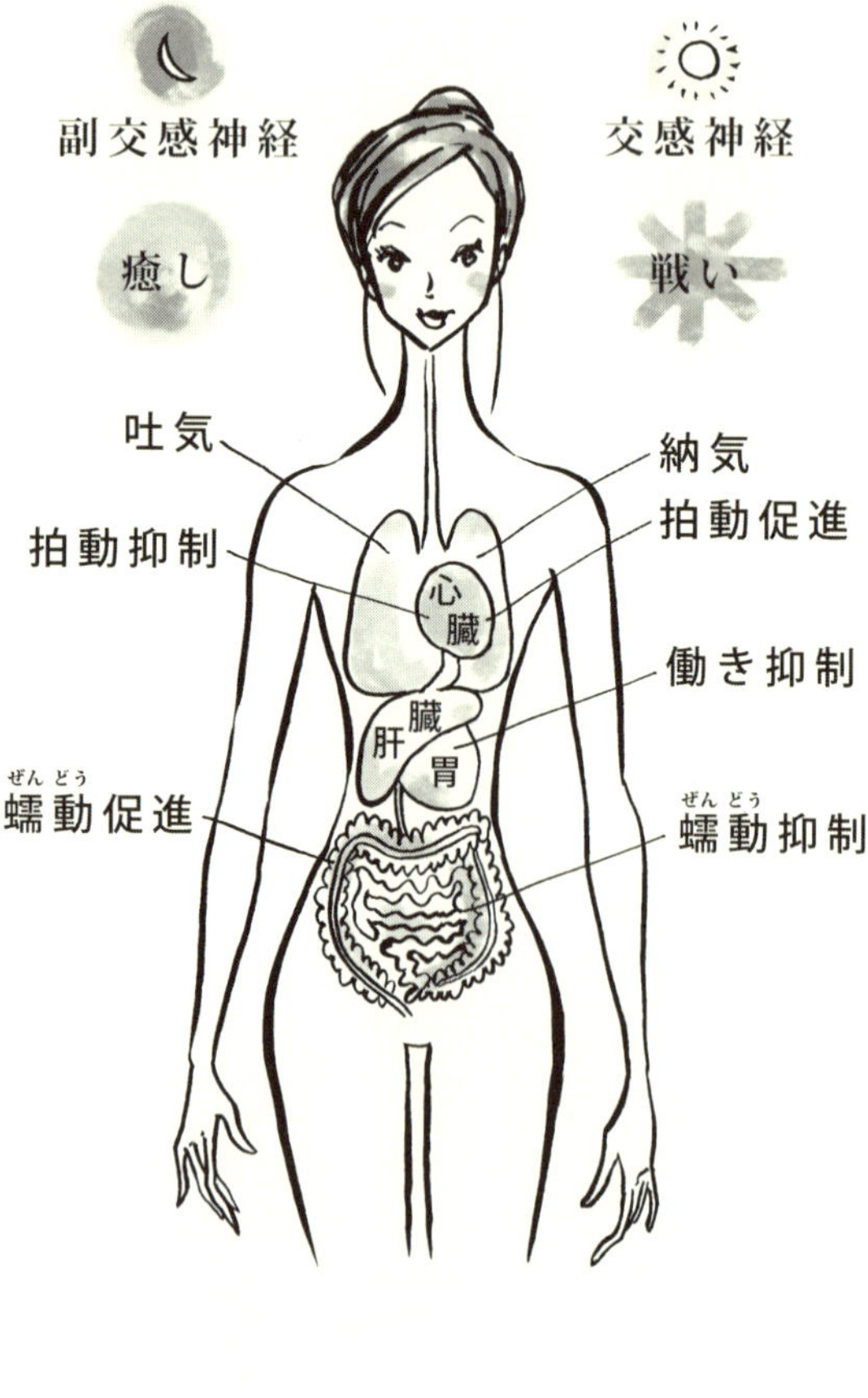

癒しの副交感神経　　戦いの交感神経

吸うと不眠になる

「眠れない。ふらふらする」

という七十代女性が教室を訪ねてきました。

「本や雑誌などで呼吸法が身体にいいと書いてあるのを見て、自分なりに深呼吸をやっています。でも、なぜか眠れなくてふらふらするんです」

「どのような呼吸をしているの？」

と尋ねると、彼女はおなかをへこませて肩や首を伸ばして息を吸っていました。

「息は吸わないほうがいいのよ」と説明すると、

「ええ？　呼吸法って吸うことだとばかり思っていました」

と驚いています。

そこで、彼女に吐納法の実技を説明しました。

「まずは、息を吸うことではなくて、息を吐くことから始めましょう。吐き終わったら、力を抜いて楽におなかをゆるめればいい」

「あら、楽だわ。無理に息を吸わなくてもいいのね」
彼女は初めて、おなかをゆるめてリラックスして酸素を納める方法を身につけました。
次のａｂのうち、交感神経にとって居心地がいいのはどちらでしょうか？
ａ・おなかをへこませて、力んで息を吸って緊張するとき、
ｂ・おなかをゆるめて、気圧の高い外気（酸素）が自然に流入してくるとき、
もちろんｂのほうですね。
納気で交感神経の居心地をよくして、吐気で副交感神経の気持ちを高めれば、元気になります。彼女も、その後、正しい吐納法で眠れるようになり、喜んでいました。

呼吸の「吸」が誤解を招く

ところがいつの間にか生理学用語として「呼吸」という言葉が生まれ、それに反して「吐納」は死語として忘れ去られてしまいました。

普段は誰もが故意に息を吸っていないのに、なぜ「吸気」「吸息」「呼吸法」と呼ばれるようになったのでしょうか？　私はちょっと困惑しています。

私の教室にはいま「息を吸う」「吸気」などの「吸」の文字はありません。

「はい、おなかをへこませて息を吐いて～」

「はい、おなかをゆるめて～」

と、みなさんが吐納法を楽しんでいます。

多くの生理学研究者は、息を吸っていないのに、どうしても一般用語の「吸う」という言葉で表現しています。私も仕方ないので「呼吸」という言葉を使う場合があります。「はい、息を吸って、頭のてっぺんまで吸って、もっと吸って」と、無理に息を吸うような指導をなさる先生がいますが、しかしそれでは疑問が残ります。やはり、「呼吸」という呼び名を改めましょう。

本書では呼吸法を「吐納法」と表現します。仕方なく「呼吸」を使う場合もあります。

息を吸うと病気が悪化する

「吸ってはいけない」

私自身、このことが本当にわかるのにずいぶん時間がかかりました。

十六年前、私は病気をして、医者から治す方法がないといわれて中国に戻り、廣州中医薬大学の「医学気功学」と北京中医薬大学の「中医気功学」を学びました。そこで「順式呼吸法」と「逆式呼吸法」に出会いました。

順式呼吸法というのは、おなかをへこませて息を吐き、吐き終わると、おなかをゆるめて酸素の流入を待つ方法です。一方、逆式呼吸法は、おなかをへこませて息を吸い、吸い終わった後におなかをゆるめます。

順式は、息を吸いません。吐き終わると、自然に入ってくる酸素を納めるだけで、自然の息の仕方に順じるので、順式と呼ばれています。

逆式では「深呼吸」のように息を吸います。自然の息の仕方と逆なので逆式と呼ばれるわけです。

そんな中、「吸ってはいけない」を悟らせてくれたのは、北京北戴河気功療養所の劉貴珍《りゅうきちん》先生の本の中にあった次の言葉で、逆式呼吸法に対する注意を喚起していました。

「とくに緑内障の方は逆式呼吸法をやってはいけません。逆式呼吸法をやると、かえって症状が悪化してしまいます」

さあ、びっくりしました。これを機に、「吸ったほうがいいのか、吸わないほうがいいのか」、私は改めて病理学、分子細胞生物学、自律神経などの観点から研究しはじめました。

まず、副交感神経の機能が低下している方には、絶対に「吸う」ことをさせない。

たとえば、胆汁性肝硬変の場合、胆汁の分泌を促すのは副交感神経です。副交感神経を高めるためには吸ってはいけないのです。

あるとき胆汁性肝硬変を患っていた女性が私の教室へ来られました。彼女は自己流で息を頭のてっぺんへ吸っていました。逆式呼吸法です。息子さんの肝臓を移植してもらいましたが、拒絶反応を示す数値が上がっていく一方です。もうダメかと悩んでいました。

早速、教室で「息を吸ってはいけませんよ！」と指導すると彼女は驚いていましたが、それから吸う癖を直し、吐気中心の吐納法を練習しました。なんと翌月から、高かった拒絶反応の数値が正常になり、元気を回復していきました。

彼女は、入院再検査のとき、胆管につながっている管を実際に見ていました。息を吐くと、胆汁が管からスーッと出てくるのを目撃し、そこでわかったのです。吐納法の成果をそこに見つけました。それが嬉しくて、教室に戻ってきたときの彼女の第一声は、

「息を吐くと、胆汁がスーッと出てきたんです」

と大喜びでした。

もしも息を吸い続けていたら、どうなったのでしょう。胆汁の分泌の出がより悪くなったに違いありません。

細胞物質は合成と分解の経路が異なります。だから吐納法の選択が重要なのです。

自己流の呼吸法は本当に危ないものです。病気にさえなってしまうのですから。

息を吸うと腫瘍マーカーが上がった

私自身、指導の仕方で恐ろしいミスをおかしたことがあります。

潰瘍性大腸炎と手の指が思うように動かないことに悩んでいた女性がいました。

彼女には、もちろん「吐納法」を練習してもらい、潰瘍性大腸炎と指の悩みは大幅に改善していきました。

ところが、その途中で「副鼻腔炎を治す呼吸法ってありますか?」と相談されました。

以前、副鼻腔炎の方が息を吸う「逆式呼吸法」で改善されたケースがあったのを思い出し、

「息を吸う逆式呼吸法でよくなった方がいました。息を吸うのは基本的に健康によくないのですが、でもちょっとだけ試してみましょうか?」

と、彼女に逆式呼吸法を薦めました。

思いがけないことが起こりました。逆式呼吸を始めて少し経ったころ、彼女から「癌の腫瘍マーカーが上がってしまった」と報告があったのです。私はあわてました。彼女は子宮癌も患っていて、癌で闘病中の方には、逆式呼吸は厳禁なのです。

すぐに逆式呼吸の「吸う」を中止し、「吸わない」吐納法に変えてもらいました。次の検

査では腫瘍マーカーが下がり、私はほっと胸をなでおろしました。本当に申し訳ないことをしたと反省しています。

この経験から、「息を吸う」ことの怖さをあらためて痛感しました。

吸うは御法度

「呼吸法は健康によくない」

いきなり頭ごなしに、権威ある先生からこう否定されたことがあります。

ところが、その先生は大勢の前で「血圧を下げる呼吸法」を教えていました。

その先生は息を吸う「深呼吸」をみんなに教えた後に一言、「この呼吸法をすれば血圧が下がります。ただし、一日三回、毎回1分間だけです。それ以上やると健康によくない」と念を押していました。

それを見ていた私の教室のみなさんは、「喝！」を入れました。

「見た？　あの先生は吸っていましたよ！」

「だから1分間以上やると健康によくないと言うんでしょう」

「吸ったら、かえって血圧は上がるわよ！」

みなさんは口を揃えてその先生の「深呼吸」を批判しました。

吸ってはいけないところで吸うと、道路で車を逆走させるのと同じような大惨事になります。その先生は息を吸うから、呼吸法のよさがわからなかったのでしょう。

息を吸うと血圧が高くなる

病院でたびたび起こる「白衣現象」はその代表格です。

血圧を測るとき、白衣の看護師さんに「深呼吸をしてください」と言われると、みなさんはすかさず、おなかをへこませて息を吸います。すると血圧の数値はいつもよりなぜかぐっと高くなっています。

「家ではそんなに高くなかったけどなあ」

「まあまあ、よくあることよ。看護師さんに測ってもらったから緊張したのでしょう」

と解釈されています。

白衣にも原因があるかもしれませんが、じつは、深呼吸で息を吸ったことが血圧を上げさせたのです。

うちの生徒さんは、血圧を測る前に息を「吸う」ことをしません。まず息を大きく吐きます。息を吐くと、気持ちが落ち着き、血圧は下がります。

ある高血圧の生徒さんは茶目っ気たっぷりに言いました。

「私は病院に行くと、血圧が下がりますよ」

「ええっ、どうして？」

「待っている間、ずっと息を吐いていたからです」

日頃、脳の呼気中枢は、たえず吐気の命令を出しています。私たちが変に息を吸わないようにバランスをとっているのです。それでも吸おうとすると、よくない結果を招きます。

嬉しいことに、近年、日本呼吸器学会が「口すぼめ呼吸法」を前面に打ち出すようになりました。しかも、「口すぼめ呼吸法」が慢性閉塞性肺疾患の治療法として認められ、保険適用にもなりました。

まず唇をすぼめて息を吐き、吐き終わったあと、息を吸わずに、おなかをゆるめるという手順です。これが正しい「吐納法」です。深呼吸から脱出できるよい方法です。学問的にも大きく前進したとホッとしました。「呼吸法は健康によくない」ではなく、「吸気は健康によくない」というべきです。まれに「吸ってもいい」という症例もありますが、基本的に「吸う」は健康によくありません。くれぐれもご注意を！

息を吸わないための三つのコツ

「あれれっ？　また吸っちゃった」

「吸う癖がなかなかなおらないわね」

そんなときには「吸わないためのコツ」で解決しましょう。

コツ①「産声吐気法」

「おぎゃあ〜」と産声をあげるように、まずは息を吐くこと。渾身の力をふりしぼって「おぎゃあ〜」と息を吐きましょう。吐き終わったらおなかをゆるめます。深く吐いた分、酸素が自然と流れ込んできます。

「ほんとうだ、吐き終わったら、へこんだおなかをゆるめれば、空気が入ってきますね」

「なるほど、まずは息を吐くことからですね。わかりました」

こうしてみなさんは案外すぐに「吸う」癖が解消されます。

コツ②「舌の先を上アゴにつける」

「舌の先を上アゴ（上の歯のつけ根のあたり）につけること」

これは中国の古人の知恵からヒントを得たものです。

昔の人たちは、舌を「陰《いん》の経絡《けいらく》」と「陽《よう》の経絡」をつなぐ橋に見たてました。息を吐きだすときには橋を降ろし、酸素をとり入れるときは橋をかけると考えたのです。つまり、息を吐くときには、舌を上顎から降ろし、吐き終わると、舌の先を上顎につけておきます。

もちろん、舌のことばかり考えて、吐納法に集中できなくなってしまっては本末転倒ですから、次のように簡単なやり方でやってみましょう。
「吐くときも、納気のときも、舌はずっと上アゴにつけたままでやってみる」
舌を上顎にくっつけていると変に息は吸えなくなります。

コツ③「仰向け練習法」

敷布団やマットの上に仰向けになり、膝を立てて、舌を上アゴにつけたまま行ないます。まずは、おなかをしっかりとへこませて息を深く吐きます。吐き終わったら、おなかをゆるめます。試してみてください。吸う癖がなおると、十分な酸素が流れこんで、気持ちのいい爽やかさが体感できます。

3・吐納法をうまく行なうための五つのポイント

実技の前に、次の五つのポイントを知っておきましょう。

①始める前にトイレへ行こう

レッスン中はしっかりとおなかをへこませるので、膀胱《ぼうこう》に圧がかかります。始める前にトイレに行きましょう。「医学気功学」を指導してくださった肖鑫和先生はレッスンのときに言っていました。

「まずはゆっくりお茶を飲んでください。そしてトイレへ行ってください」

うちの教室でも、吐納法を行なう前にハーブティーを飲みながら談笑して、そのあと必ずトイレへ行って用を済ませてもらうようにしています。

②へこませるのはへその下

息を吐くときに、へこませるのはへその下です。へその上ではありません。古代の中国人はへその下のあたりを丹田《たんでん》と呼びました。腹式呼吸は「丹田呼吸」とも呼ばれています。おなかの下をへこませるということです。

恥骨の上あたりです。ここをへこませて息を吐くと、ほどよい腹圧がかかり、腸や内臓にとって願ってもない癒しのマッサージになります。まちがえないでください、へその上をへこませると、腸や他の内臓が下腹のほうへ押しやられてしまいます。

教室で心拍数や自律神経のレベルを計測したことがあります。ある女性は何回計測しても心拍数が多く、自律神経のレベルが低い結果になりました。よく観察すると、彼女は息を吐くときに、へその上をへこませているのです。

「へその上ではなく、下ですよ」と指摘すると、それまでずっと、へその上をへこませてやっていたということでした。

その後、へその下をへこませてやるようにしたら、

「とても気持ちがいいです。酸素が入ってきた感じがします。疲れ方も違ってきました」と喜んでいました。その上で自律神経の計測をしたところ、心拍数も自律神経のレベルも正常に戻っていました。へその上と下では、自律神経への働きが乱れるか正常になるかの大きな違いが生まれます。へその下、ですよ。大事なポイントです。

③へそを背骨にくっつける

へそを背骨にくっつけることはできません。

私は教室で、「へそを背骨にくっつけるつもりで息を吐きましょう」と大げさに言います。

ある初心者が私に尋ねました。

「私は息を細く、長く、吐き続けられません。なぜでしょうか？」

その方は、鼻で息を吐きだしているものの、おなかは微動だにしていません。それでは胸式呼吸をしているだけで、腹式の吐納法にはなっていません。

しっかりとおなかをへこませて、へそが背骨にくっつくようにすれば、細く、長く、吐くことができます。

いまでは初心者には、まず私のおなかの凹凸《おうとつ》を実際に手でさわって確かめてもらうようにしています。みなさんが自分の手を私のおなかに当ててきます。

「いまおなかをへこませて肛門を締めて息を吐いています」と言うと、みなさんは、

「すごい、すごい、こんなにへこんでいますね」と驚きます。

吐き終わって、

「いま、肛門とおなかをゆるめています。酸素が自然と入ってきます」と言うと、今度はその大きなふくらみ方に目を丸くします。

私のおなかの凹凸のデモンストレーションが終わると、初心者のみなさんはそれぞれ自分なりにおなかの凹凸練習をします。

すると、深く凹凸をつけて息をすることができるようになってきます。

慣れてくると、おなかをへこませ、肛門もきゅっと締めて、息を細く長く、7、8秒ぐらいかけて吐きます。吐き終わると、おなかを肛門もゆるめて、7、8秒ぐらいかけてゆっくり外気を納めます。熟練者はもっと長くできるようになります。

私の教室には、酸素を三倍に圧縮して室内に送り込む空調機が備えられていますが、スイッチをつけるたびに、本当に三倍かなあと疑います。でも、自分自身が行なう吐納法では、間違いなく何倍も多く二酸化炭素をしっかりと吐き出し、酸素をたっぷりと体内に送り込むことができます。おなかが空調機だとすれば、へそは空調機を押すボタンかもしれません。

④息が浅いのはよくない

「家で練習したら、なぜかおなかが痛くなったのです」

そう訴える初心者がいました。

なんと、その方はおなかをへこませて0・5秒、おなかをふくらませて0・5秒、1秒に一回の速さでおなかをへこませ、ふくらませていました。

これでは過呼吸に近く、リラックス効果が得られません。おなかを速く動かしつづけると、筋肉痛にもなり、当然おなかも痛くなるわけです。

ゆったりとした気持ちで、ゆっくりとおなかをへこませながら肛門も締めて、細く長く息を吐き、吐き終わったら、ゆっくりとおなかと肛門をゆるめれば身体も心も癒されます。

突風ではなく、そよ風のように、爽やかに、優しくやりましょう。

⑤肛門を頭のてっぺんへ

私はいつも「息を吐くときに肛門を頭のてっぺんに引き上げるつもりで吐きましょう」と伝えます。なぜなら、肛門は自律神経を押すボタンだからです。

自律神経はすべての細胞を支配しているといわれています。内臓も自律神経の支配を受けています。いわば、自律神経は私たちの身体をコントロールするボスです。そんなボスに支配されている内臓は、食道から肛門までの一本の管でつながっています。

私たちが息を吐くときに肛門を締めると、ボスは子分である肛門筋から刺激を受けて、肛門筋からの強い要求にすばやく反応して、それらの要求内容に応えてくれます。

とくに、息を吐くときには副交感神経が優位になります。しっかりとおなかをへこませて肛門を頭のてっぺんに引き上げるつもりで息を吐くと、副交感神経のスイッチを強く押すことになります。

後にも触れますが、肛門を引き上げて息を吐くと、肛門筋の血流もよくなります。繰り返し行なううちに、痔が消えていることもあります。

太陽の光が差し込む教室の中で、私はいつもみなさんに呼びかけます。

「はい、息を吐いて、へそを背骨にくっつけて〜」

「はい、肛門を締めて、肛門を頭のてっぺんに引き上げて〜」

みなさんは、へそやら頭のてっぺんやら、肛門やら背骨やら、急《せ》かされて大忙し。でもいつもニコニコと笑っています。

4・息をするのは何のためか

胎児は、鼻も肺もないときから細胞呼吸をしていた

「まだ目も鼻もないのに……」

たった一個の精子と卵子との出会いから始まる小さな受精卵。その受精卵は、まだ目も鼻もないのに細胞呼吸をしています。細胞の中には「ミトコンドリア」という細胞呼吸小器官があるからです。

これから立派な身体をつくり上げていくために、細胞たちは酸素をとりいれ、膨大な細胞物質の合成と分解をしなければならないのです。そのためミトコンドリアたちはパクパクと酸素をとりいれる細胞呼吸をしています。

受精卵はお母さんのおなかの中で胎盤に温かく包まれて、心臓がドックンドックンと鼓動しはじめ、成長し、ときにはご愛嬌で舌を出してはペロッペロッと小指をしゃぶったり、あくびもするようになります。生まれてくるのはもうすぐです。しかし、まだ肺呼吸をしていません。胎児は胎盤を通してお母さんの血管から送られてくる酸素をもらっています。

やがて、「おぎゃあ～」と産声をあげて、新生児はお母さんのへそから離れ、肺呼吸に切り替わります。この瞬間から肺呼吸と細胞たちの呼吸はガッチリと結びあわされます。

細胞呼吸に大きくかかわっているミトコンドリア細胞呼吸小器官は、一個の細胞に数百個から数千個もあるといわれています。とくに心筋細胞には、その細胞の約半分の面積にミトコンドリアたちがびっしりと埋まっています。

日ごろ、私たちはスーハースーハーとなに気なく鼻で呼吸していますが、そのほとんどはミトコンドリアたちの細胞呼吸のためにあります。

学問的には、鼻や肺を通して外気を取り入れる肺呼吸は「外呼吸」と呼ばれ、血管を通して行なう細胞内の呼吸は「内呼吸」と呼ばれています。

一八九八年、ドイツの研究者フレミングは、この細胞呼吸小器官の形状から、ギリシャ語で「糸と顆粒」を意味する「ミトコンドリア」と名づけました。

呼吸といえば、鼻や口でするものとほとんどの人は思っています。もしも当時、フレミングが細胞呼吸小器官を「ミトコンドリア」と名づけず、呼吸するものとして「鼻」と名づけていたら大変！　全身「鼻」だらけになってしまいます。想像しただけで、おかしいですね。

実際、人体は「全身で鼻々呼吸」をしているようなものなのです。

春一番が吹くと、桜が微笑みます。このときに降る雨を、開花を促がす「花起こし雨」と言います。腹式の吐納法は、細胞たちの「鼻々」の換気を起こす「春一番」かもしれません。身体の中のそれぞれの細胞たちの呼吸を促し、若返らせてくれる「春風」に違いありません。

誰もが腹式呼吸法の天才だった

「へその緒を切る」、それは、お母さんの臍帯血《さいたいけつ》から酸素の供給を絶つことを意味します。新生児は酸素不足に陥《おちい》り、喘《あえ》ぎます。真っ赤な顔とシワの寄った表情が苦しさを物語ります。かろうじて喘ぎながら発したのが「おぎゃあ～」という産声です。この産声は人生で最初の吐気となります。吸息ではありません。息を吐き終わった後は、酸素がひとりでに入ってくるようになっていますから、赤ちゃんは落ち着いてきます。ですから、新生児は腹式の吐納法の天才です。

頭が大きくて、首が柔らかく、それに舌も大きい新生児は口呼吸ができません。胸郭も軟弱で、呼吸筋も発達していないため、横隔膜を上下に動かす腹式で息を調えます。新生児の腹式呼吸はすでに胎児期から獲得していました。お母さんのへそと自分のへそを通したガス交換も、胸式ではなく腹式でした。生まれつき慣れたものです。

人間の呼吸は、

乳児期・腹式呼吸

幼児期・胸式呼吸と腹式呼吸

学童期・ほぼ成人に近い胸式呼吸

男　児・腹式呼吸
女　児・胸式呼吸
となっています。
大人になった女性たちは、主に「胸式呼吸」をしていますが、じつは、少し腹式呼吸も入っています。息を吐くときには、横隔膜がわずかに上がり、息を吐き終わると、横隔膜がわずかに沈下していくように動いています。少しですが腹式呼吸を兼ねているのです。本人が知らないだけで、身体は絶えず腹式呼吸をやっています。
誰もが、腹式呼吸法の天才なのです。

《第2章》

痩せるための「納気延長法」

1・納気延長法とは？

四つの基本動作

どこでも、いつでもできる簡単な「酸素ちょい足し」ダイエットです。

これを「納気延長酸素ダイエット法」と呼んでいます。

痩せたい人はこの方法をマスターしてください。納気を長くする、酸素をゆっくり納めるのがポイントです。次のような手順で行ないます。

①「吐気」おなかをへこませ、肛門を締めて、息を吐く（4～6秒）。

②「納気」肛門とおなかをゆるめて、自然に入ってくる外気を納める（4～8秒）大事なことは、吐気よりも納気が長いこと。

③「閉気」②の状態のままで息を止める（1～2秒）。

④「強納気」おなかをもう一段おもいきってふくらませる（1～2秒）。それを終えたらまた①へ戻ります。

毎日二、三回。毎回30分ぐらい行なうと効果が高まります。これは一生の宝になります。ぜひ覚えてください。

①吐く／肛門を締めておなかをへこませる

②納める／肛門をゆるめておなかをふくらませる

③息を止める

④納める／強くおなかをふくらませる

注意すること

1・病気を持っている方はしないでください。痩せている方、胃腸の炎症、心臓病、癌、膠原病、その他の疾患を持っている方にはお薦めできません。

2・食後一時間以内は行なわないこと

3・水やお茶を飲んでから行なうこと

このダイエット法は体温の上昇を促すので、少し汗をかいたりします。

4・行なう前にトイレに行くこと

おなかをへこませて息を吐くときに、腹に圧力がかかりますので、まずお手洗いに行って出せるものは出しておきましょう。

5・吐気から始めます

息を吐かないと、気圧の高い外気が身体の中に流入できません。まず吐気から始めます。

6・おなかをへこませて肛門を締めましょう

初心者は、まずおなかをへこませて肛門を締めます。すると息を吐きやすくなります。頭の中で息を吐くことばかり考えると、おなかはへこまずに胸式呼吸に留まってしまいます。

肛門は、おならやお小水をがまんするように締めればオーケーです。

7・へそを背骨にくっつけるつもりで息を吐く

へそを背骨にくっつけるつもりでおなかをへこませれば、しっかりと息を吐くことができます。

8・へこませるのはへその下

まちがえないでください。息を吐くときにへこませる場所は、へその下です。へその下に丹田があります。へその下をへこませて息を吐くと、内臓が持ち上げられるように感じます。反対に、へその上をへこませると、内臓が下のほうへ押し下げられるように感じるはずです。へその上をへこませて息を吐くと、自律神経が狂ってしまいます。くれぐれもへその下のほう、丹田をへこませて息を吐くようにしてください。

9・ヒラメのように、フグのように

息を吐くときには、イメージとして、ヒラメのようにおなかをぺちゃんこにへこませましょう。吐き終わったら、フグのようにおなかをふくらませましょう。

10・吐気を長くすると痩せられません

読んで字の如く、納気の延長です。納気を長く。逆だと痩せられず、かえって太ってしまいます。これは初心者によくある間違いです。吐気と納気の長さを自分で確かめてみましょう。

11・集中的に30分行なうと効果が高まる

一日二、三回。毎回30分行なうと効果が高まります。ご飯を炊くとき、５～10分ではおいしいご飯は炊けません。この方法は体脂肪を燃やすためのものですから、やはりそれなりに時間がかかります。

12・手足を動かしながら行なう

手足を動かしながら行なうと、筋肉量が増えます。筋肉量が増えると、代謝率が高まり、痩せやすい身体になります。

痩せるための食事

毎食の量を少しだけ減らす「プチ断食《だんじき》」がいいでしょう。そして良質のタンパク質をたくさんいただきましょう。

(肉類) とくに赤身の肉は痩せるための栄養が含まれています。食べないと、逆に痩せられません。動物の脂身・ラード、バター、マーガリン、お肉の油脂などは健康にもよくないので避けましょう。豚、牛、鶏の脂肪はゴミ箱へ。鶏皮も捨てましょう。

(魚類) 骨粗鬆症《こつそしょうしょう》予防のためにも、小魚を食べましょう。また、青い魚に含まれている脂質はダイエットにも効果が高いのです。

(小麦類) 小麦類には体重を増やす成分が含まれていますので、ダイエットには不向きです。パンは控えましょう。市販のラーメンには油脂がどっさり入っていますので、ダイエットによいおソバを堪能しましょう。

(ご飯) ご飯は一食100グラム以下。私のご飯はお昼の三口だけです。その代わり、野菜、魚、肉を充分に食べています。

(糖分) 糖分は身体の中で脂肪に変わります。私は甘いお菓子類はあまり食べません。料理にもできるだけ砂糖を入れず、香辛料で味のバリエーションをつけます。チョコレート痩せると、こんなにいいことが……

シミ、ソバカス、シワ、
クスミ、ニキビが減り、
モチモチ肌の小顔に！

いつも頭がスッキリ。
朝は目覚めがよく、
夜は快眠！

少食になり
体重、体脂肪が減少。
女性ホルモン、
長寿ホルモンが
増えて若返る！

体力がついて
筋肉量アップ。
体温上昇、
冷え解消、
カイロは不要！

血圧安定、
降圧剤が減る。
貧血、肩こり、
痔も消えて、いつも快便！
鼻炎がおさまり、
テッシュが減らない。
眼圧は下がり、飛蚊症がなくなる！

生理がピタッとくる。
卵巣腫れがなくなった。
更年期とさようなら。
イライラもしなくなる！
妊娠しやすくなる！

5月16日～7月13日の**体重変化**

	日曜	月曜	火曜	水曜	木曜	金曜	土曜
1週目	56.3	56.3	56.2	56	56	55.3	55.3
2週目	55.8	56.1	56	55.8	55.9	55.4	55.2
3週目	55	55	55	54.1	54	54.2	54.2
4週目	54	54	54.1	54	53.8	54.1	53.9
5週目	53.6	53.9	54	54	53.9	53.5	53.5
6週目	53	53.5	53.5	53.5	52.9	53	52.7
7週目	52.2	52.9	53	53	53	53	52.1
8週目	52	53	53.5	51	52.2	52.3	52.2
9週目	53	52	52				

63歳の女性の減量例

は週に一回、疲れたときに少し食べます。**（ダイエット食品）**バナナ、きくらげ、キャベツ、納豆、トマト、寒天、ソバなど。これらはみんなダイエットによい食品です。

（夜食をやめる）夜食は太るばかりか、腸閉塞にもなりかねません。

確実に一ヵ月で1キロ以上の体重減に

体重はストンと一気に急降下はしません。どこかで見かける宣伝広告のような「一ヵ月でマイナス15キロ」というような痩せ方はしません。体重の急降下はむしろ健康によくありません。

納気延長酸素ダイエット法の体重減少は、一日平均20～35グラム程度。一ヵ月で1キロ以上痩せられます。真面目に行なう方では、男女問わず三ヵ月で８キロ、10キロの脂肪落としに成功しています。ある女性（六十三歳）が、二ヵ月足らずで４キロ痩せました。そのときの体重表を寄せてくださいましたので、上の表をご覧ください。

やる気十分とはいえませんでしたが、彼女は週に一度、教室に通いながら家でも毎日行ない、次のような感想文を寄せてくださいました。

「ヨーガ、太極拳などよく区別できない私でしたが、知人が痩せたと聞いて、教室に入りました。ここ数年の間、徐々に下腹部についた脂肪で、私も中年女性特有のスタイルになっていました。なんとかしなくてはと食事のカロリー計算をしたり、毎日体重をグラフにしてみたりと努力はしていたのですが、１キロ〜１・５キロの増減を繰り返すのみでした。

体重を４キロ落とすことを目標に、曽紅先生の教えてくださった食事法を行ない、納気延長酸素ダイエット法をできるだけ実行するように心がけました。その結果、二ヵ月足らずで目標の４キロを減らすことができたのです。それまでのダイエットしなくてはというストレスから解放され、気分が明るくなり、おしゃれも楽しくなりました。寝つきもよくなり、ぐっすりと眠れるようになりました。無理なく、どこでも自由な時間にできる運動であることがよくわかります。今後も毎日続けて健康な日々を過ごしたいと願っています」

納気延長を続ければ、肥満なし

「いろいろとダイエットはしたものの、うまくいきません」

そう悩む方が多い。

教室では、これまで計54名の方々、ぽっちゃり体型の少女、自称相撲級の二十代女性、中年小太りの四十代女性、更年期に入ってから脂質異常を悩む五十代～七十代の男女など、みなさん納気延長酸素ダイエットで着実に減量していき、ベストな理想体重を手に入れました。

肥満に勝ったのです。

おなかをふくらませる納気延長により、体脂肪を分解する酸素力が高まったのが主な勝因と考えられます。酸素がなければ脂肪は分解できないからです。普段こうした酸素をとりいれる動作はしませんが、これこそが世界中のどのダイエット法にも勝る決定的な勝因です。

もう肥満の心配はなしですね。

２・さあ、やってみよう

達成感に魅了されて

30分間、集中的に行なうと効果が高く、一日に30分×二、三回が理想的です。

30分を長く感じる方もいるでしょう。でも「時短」です。

厚生労働省の有酸素運動に関するホームページには次のようにあります。

「いったん身体についてしまった体脂肪を、運動だけで減らすのはかなり難しい。たとえば、体脂肪1キロ（7000キロカロリー分）を減らすには、ウォーキング（一時間約200キロカロリーを消耗）を35時間も続けなければならない」

うーん、大変ですね。

私たちの身体は、体脂肪を必要以上に甘やかしています。いつも優先的に血液中の糖を消耗し、それからやっと体脂肪の燃焼がスタートします。脂肪へ行き着くまでには結構時間がかかるものです。

「楽して痩せたい！」

積もり積もった雪が太陽の日差しを受けて自然に溶けて消えていくように、脂肪もそんなふうに消えていってくれないかしら……。

教室のみなさんは、最初「30分が長い」と思っても、やってみると意外と「いけるかも」と驚きます。ちゃんと痩せてくるし、これは「よい滑り出し」です。嬉しい達成感に駆られて、一日に30分を三回行なえるようになります。楽な方法なので、往復電車の中で二、三時間繰り返し行なう方もいました。一年三ヵ月で20キロ痩せたある女性は言いました。

「一日、二回と三回では、やっぱり痩せ方が違いますね。これから一日三回にします」

これも達成感に駆られたからですね。

脂肪分解と同時に、ホルモンの合成も高まる

ある女性が相談にきました。

「6キロも痩せました！　痩せた後も続けてやってもよろしいでしょうか？」

「痩せた後は、酸素ダイエット法ではなく、普通の吐納法（吐気と納気を同じ長さで行なう方法）に切り替えてもいいのよ」とお答えすると、

「この酸素ダイエット法をやると、生理前のイライラ感がなくなり、体調がいいので、続けてやりたいです」と喜んでいます。

「気持ちがよろしければ続けてもいいでしょう」とお答えしました。

身体の中で体脂肪が分解されると、同時に、エネルギー、体温、性ホルモン、長寿ホルモンなど様々な若返りの物質の合成が増幅されます。ダイエットとは体脂肪を減らす「引き算」ではありません。若返りの「足し算」なのです。

暇つぶしで痩せちゃいました

「毎朝、ふとんの中で暇つぶしにやっていたら4キロ痩せちゃいました」

ある七十代の女性は、お医者さんから「血圧の薬を飲みたくなければ、体重を落としなさい」と迫られていました。教室に来る前は、ウォーキングを週五日、毎日一時間、友だちと一緒に十年続けましたが、体重は減らず、かえって膝を悪くしてしまいました。その後、私のところで納気延長酸素ダイエット法を黙々と続けました。そして半年で4キロ体重が減り、血圧も体脂肪もコレステロールも減ってきました。もちろん血圧の薬も飲んでいません。

痩せた後、彼女は秘訣を教えてくれました。

「毎朝、5時ごろには目が覚めてしまうの。早く起きても主人は寝ているし、ほかにやることもないので、毎朝ふとんの中で30分くらい練習していたら、いつのまにか痩せちゃいました。膝の痛みもよくなりました。気持ちがよく、効果が目に見えてくると、やめられなくなります」

酸素ダイエット法は一石二鳥どころか、三鳥も四鳥も得られるものですね。

食前に行なうと、痩せやすい

身体は、血糖をエネルギー源として使っています。血糖が足りないときは、貯蔵してある体脂肪がエネルギー合成に消費されます。ですから、食前の血糖不足の時間帯をねらって納気延長酸素ダイエット法を行なうと、体脂肪がどんどん動員され、燃焼されるのです。朝食前、昼食前、夕食前がねらい目です。

私は以前三カ月で8キロ痩せたときは、夕飯の買い物に行く前に一時間ほど集中的に行ないました。それから買い物に出かけ、戻って料理をします。それにだいたい一時間かかります。この一時間の間に、脂肪の一部がエネルギーに変換され、その分、満腹中枢に満足感が伝わり、そんなに食べなくても満足できるのです。

食後一時間以内には行なわない

食後、食べた物を消化吸収するために、血液が胃のほうへ集中します。消化活動を円滑に進めるためにも、食後一時間は待ってから行ないましょう。

仕事前に行なうと、頭脳明晰になる

私はデスクワークに没頭する前に、気がすむまで納気延長酸素ダイエット法を必ず行ないます。すると頭の回転がよくなります。

朝はテレビの情報番組「あさイチ」や「健康カプセル」、「モーニングバード」「アカデミヨシズミ」「いっぷく」などを見ながら手足を動かして行ないます。するとテレビから知識を吸収すると同時に、全身に酸素が行きわたり、頭の回転がよくなり、閃《ひらめ》きも生まれます。深刻な悩みごとでも、おなかを凹凸しているうちに、緊張がスーッとほぐれ、心配ごとがあっても「まあいいか」という気持ちになります。

脳に酸素が入ってくると、神経伝達物質の合成も高まり、思考の能力が高まります。行なう前と後の、身体の中の空気が違います。爽やかになります。オフィス勤務のみなさんにお薦めです。

寝る前に行なうと、睡魔に愛される

寝る前にすると、入眠しやすく、熟睡度も高くなります。

「テレビっ子」の私は、夕食が終わった一時間後には、テレビの前に立って手足を動かしながら納気延長酸素ダイエット法を30分以上楽しく行ないます。これを「テレビ凹凸酸素ダイエット」と称しています。これが夕食後の楽しみです。まず、見たい番組に合わせて時間を決めます。たとえば、8時から8時半。「ためしてガッテン」「たけしの家庭の医学」、「世界一受けたい授業」など、どれもたくさんの知識を与えてくれます。日本は長寿の国になるわけです。「さんま御殿」「弁護士軍団」「しゃべくり007」など、タレントさんと一緒にウフフフ、ワハハハと笑うことで、その日の疲れも飛んでいきます。脳の疲れがとれて、全身に酸素が行きわたって、熟睡度が高まります。

教室のみなさんも口をそろえて言います。

「おかげさまで熟睡できます！」

ふとんに入れば、1分足らずで寝入ってしまいます。

ただし、深刻な不眠症の方の場合は、ふとんの中でこのダイエット法をやると体温が上がり、身体がほてって眠れなくなることもあります。寝る40分前、立って手足を動かしながら行なうのがベストです。手足を動かすと、手足などの末梢循環が刺激され、脳の緊張がほぐれ、睡眠の質が高まります。

生理前では、痩せにくい

35キロ痩せた女性がいます。納気延長法を始め、さっそく一日６００グラムもの体重が減ってきて、「これはすごい」と思いきや、あるときから急に痩せにくくなってきました。生理が来る前でした。いわゆる停滞期です。でも生理が終わると、再び痩せだしました。この時期の女性の身体は妊娠・出産に備え、栄養となる脂肪を蓄えておこうとするので、痩せにくくなるのです。でも、がっかりする必要はありません。納気を続けて行なえば、より多くのホルモンの合成が増幅され、女性としての魅力が増してくるでしょう。

３・「〜ながら」で楽しもう

電車で凹凸酸素ダイエット

何かをしながら、納期延長酸素ダイエットを楽しむ方法があります。電車通勤の方は確実に痩せられます。

なぜなら、雑務の多い家にいるよりも、決まった時間帯に、往復二回も確実に実施できるからです。私は電車に座って行なう納気延長酸素ダイエット法を「電車凹凸酸素ダイエット」と呼んでいます。筋肉量アップのために、足先を立てては降ろす工夫もしています。

①「吐気」足先を立てて、おなかをへこませて、肛門を締めて、息を吐く（4〜6秒）。

②「納気」足先を降ろして、おなかと肛門をゆるめ、外気が自然に入ってくるのを待つ（4〜8秒）。

③「閉気」息を吐かない。吸わない。息を止める（1〜2秒）。

④「強納気」おなかをもう一段ポンポンポンとふくらませる（1〜2秒）。

足先を立てて

足先を降ろして

電車で座って行なう

わが家から東京まで、電車で一時間半も座っていると退屈です。おなかを凹凸凸凸に納気を延長しているうちに、いつの間にかウトウトと眠ってしまいます。

座席を選べるなら、列車の一番前の車両、もしくは扉の傍に座るのが好きです。空気がいいからです。込んでいる車内ではマスクをして行ないます。飛行機に乗るときも、エコノミー症候群の予防などに一石二鳥です。

つらい満員電車で

電車の中で立っているのはつらいものです。

そんなときには、膝を曲げては伸ばす納気延長酸素ダイエット法を楽しめます。

やり方はとても簡単です。

①「吐気」膝を曲げておなかと肛門を締めて、息を吐く（４〜６秒）。

②「納気」膝を立てておなかと肛門をゆるめ、外気が自然と入ってくるのを楽しむ（４〜８秒）。

③「閉気」息を吐かない。吸わない。息を止める（１〜２秒）。

④「納気」おなかをもう一段ポンポンポンポンとふくらませる（数秒）。

③ ①

膝を曲げて

④ ②

膝を立てて

電車で立っているとき

東日本大震災のときです。私は冷える上野駅で立ったまま、永遠に来ない電車を待ちながら、黙々とおなかの凹凸凸凸をくりかえしました。じつはこの納気延長酸素ダイエット法は、エネルギー合成の増幅効果のほかに、体温を上昇させるという嬉しい効果があるのです。いざというときに役に立ちます。

歩きながら行なうと痩せるスピードも加速

ウォーキングをしても痩せられない方がいます。

そんなとき納気延長酸素ダイエット法を追加メニューとしましょう。歩きながら行なうと、筋肉量が増えて脂肪が減り、最も効果的なのです。ポイントは、閉気をせずに行なうことです。

①「吐気」おなかと肛門を締めて、息を吐きながら歩く(4〜6歩)。
②「納気」おなかと肛門をゆるめ、外気が入ってくるのを楽しみながら歩く(6〜10歩)。
③「強納気」おなかをもう一段ポンポンポンとふくらませながら歩く(数歩)。

①

②

③

歩いているとき

スムーズに歩くために、「閉気」の部分を省略します。「吐気」より「納気」を長めにしましょう。息を吐き終わったら、大げさなくらいおなかを前へポンポンとふくらませることができればいうことなしです。

テレビを観ながら

テレビの前に立って、手足を動かしながら行なうと、脂肪が減って筋肉量が増えます。タレントさんと一緒にワハハハと笑って、とても楽しくできます。私はこれを「テレビ凹凸酸素ダイエット」と呼んで、テレビの前に次のような動作で30分間行ないます。

①「吐気」片方の足を後ろへクロスして、両手も後のほうへ回す。それから膝を曲げながら肛門を締めて、おなかをへこませて息を吐く（4～6秒）。

②「納気」おなかと肛門をゆるめながら、両手を頭の上のほうへ伸ばしていく。後ろの足を前に戻して両脚を揃えて立つ（5～8秒）。

③「閉気」②の動作から両腕を開き、息を止める（2～3秒）。

④「納気」両手を下ろしながら、おなかをもう一段ポンポンポンとふくらませる（1～2秒）。

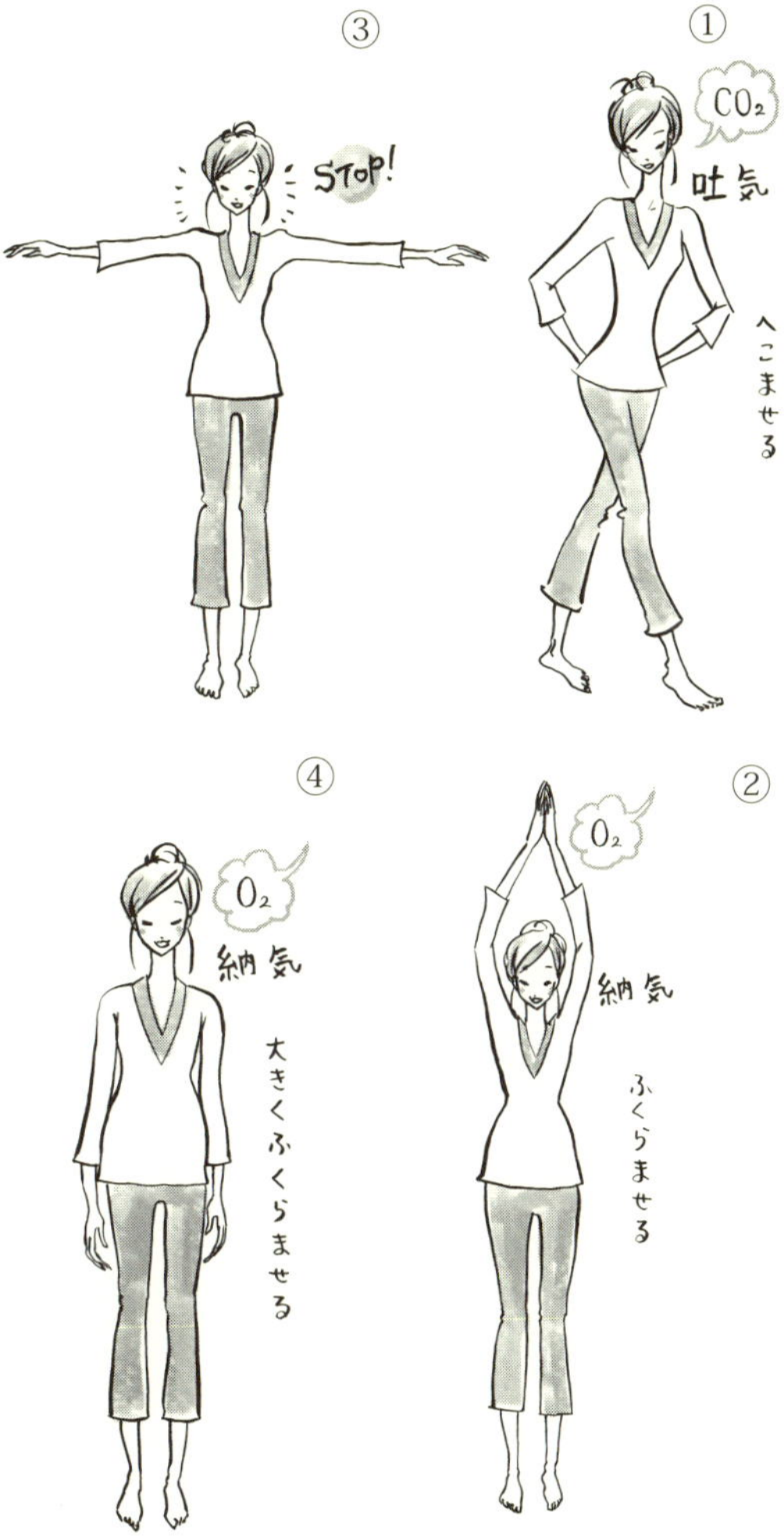

テレビを観ながら

望むイメージで行ないましょう

吐気と納気に慣れてきたら、さらに自ら望む、好ましいイメージを思い浮かべながら行ないましょう。そのイメージを加えると、潜在能力がより多く引きだされ、成功率も高くなります。

たとえば、「若返りたい」というイメージのとき。
①吐気「若返りたい」という望みを込めながら、腹と肛門を締めて、息を吐く（4〜6秒）。
②納気「いま若返ったね」という満たされる喜びで腹と肛門をゆるめる（6〜8秒）。
③閉気「やった」という達成感に浸りながら、息を止める（2〜3秒）。
④強納気「嬉しいわ。イエ〜！　イエ〜！」という幸福感をかみしめながら、さらに強く納気する（2〜3秒）。

私は「女性ホルモンが全身に満ちました」というイメージで行なうことが多いです。顔のソバカス、シワが減り、モチモチ肌になった達成感と、身体の柔軟性が増したのを誇りに思って続けます。なんといっても脳の回転が良くなるのです。

みなさんも、「痩せて彼に告白できた」「あの洋服が着られた」「小顔になった」「若々しくなった」「穏やかな自分になった」「聡明になった」「記憶力が高まった」「○○症状が改善できた」などの望ましいイメージを持って行ないましょう。

「ウソでしょう？　ほんとうだ！」という喜びの悲鳴が響いてきます。

4・体重が平均6キロ減少した実例から

私は牛久の教室をやりながら、大学院博士課程の研究として、納気延長酸素ダイエット法による体重減少について科学的に検証してみました。

二〇一一年、桐蔭横浜大学大学院の博士課程のとき、私は川島徳道教授のご指導である研究を行ないました。教室の生徒さん54人（男性4人、女性50人）を対象として、持続的に納気延長法の効果を研究したのです。それを「腹式呼吸の順式持続納気延長法（納気延長酸素ダイエット法の旧称）が体重と体温に及ぼす影響について」という論文で発表したことがあります（Material Technology vol 1.29,NO.6(2011)P.218-225）。

その内容を簡単に紹介いたします。

対象者は、それぞれ体重、肥満度が異なり、調査期間も違っています。三カ月、六カ月、九カ月またはそれ以上の期間を経過した時点で、始める前と後の変化を比較します。

体重変化の結果

54例の平均体重は、納気延長法を行なう前の61キロから55キロへと平均6キロ減少し、統計学的にも「有意に減少した」と認められました。体重の減少は、納気延長法を長く続けている人のほうが顕著でした。

三カ月行なった23人の平均体重は55キロから53キロに減り、2キロ減少しました。

六カ月行なった19人の平均体重は63キロから57キロに減り、6キロ減少しました。

九カ月行なった6人の平均体重は67キロから58キロに減り、9キロ減少しました。

その他、二カ月、四カ月、十八カ月、二十カ月、二十四カ月行なった方々にも体重の減少が認められました。

BMI変化の結果

この調査では、肥満の状態を判定する「BMI」の変化を調べました。

BMIは、体重キロ÷（身長メートル×身長メートル）で計算します。

この数値によって、次のように判定されます。
◎18・5未満――低体重
◎18・5〜25――普通
◎25以上――肥満
たとえば、私の場合なら、身長157センチ、体重51キロなので、
51÷（1・57×1・57）＝約20・7

となります。つまり「普通」と判定されます。

教室の生徒さんたちのＢＭＩの平均値は、納気延長法を行なう前の24・8から22・6に下がり、平均２・２も減少しました。これも統計学的に「有意に減少した」と認められる数値です。

また、納気延長酸素法を行なう前は、ＢＭＩが25以上だった人が17人いましたが、行なったあとでは６人に減ったことも注目されました。

５・教室のみなさんの実例

「実例①」35キロ痩せて幸せを手に入れた（二十代女性Ａさん）

Ａさんは「はじめに」で紹介した女性です。

「ごらんのとおりお相撲さんクラスですが、呼吸で痩せられるのであればぜひやってみたい」と言って、お母さんと一緒に私の教室に通いはじめました。

お母さんは教室が終わると、すぐさま教室のそばにある店で夜食を買っていました。これが原因でしょう、お母さんもお相撲さんクラスのままでした。

Ａさんは、当時二十代で96キロの体重でした。納気延長酸素ダイエット法で、最終的に35

キロの脂肪落としに成功して自信を取り戻し、その後、めでたく結婚、妊娠、一児の母となりました。痩せて、多くの幸せを手にいれました。

彼女が言うには、

「子どものときから太っていました。運動は苦手で、学生時代の身長は１６０センチで体重は80キロでした。就職後、ストレスを解消しようとつい食べすぎてしまい、みるみるうちに96キロに増えたのです」

そこで、私は「私も昔68キロとだぶだぶに太っていましたよ。身体がまるで厚揚げのようでした。でも、痩せることに成功し、いまは51キロです」と昔話をしながら、68キロのときの証拠写真を彼女に見せました。

「え〜？　本当だね。まるで別人みたい」と彼女は眼を見開いて写真を眺め、うらやましそうに微笑みました。

さっそく、Ａさんもこの納気延長酸素ダイエット法にチャレンジすることに。

「毎日ほぼ６００グラムずつ減りはじめました」

東京勤務のＡさんは、平日は往復二時間の通勤電車の中で、休日は家で、朝、昼、晩三回、「かみ合った脂肪の鎖が壊れて、それをほかの細胞が食べてくれる」イメージを思い描きながらやっていたそうです。

すると、精神的に落ち着き、始めてすぐに、体重も毎日ほぼ６００グラムずつ、順調に減りはじめました。

精神的に落ち着くので、ついお菓子に手が伸びるということもなく、ご飯の量を少し減らしたほかはとりたてて食事制限もせず、もちろん運動もしていなかったので、「これはすごい！」と続けました。

生理がピタッと来た

納気延長法を続けて一ヵ月ほどすると、体重があまり減らなくなり、「どうして？」と思っていると、生理が来たのだそうです。あまりの嬉しさに、私に知らせがきました。

「生理がピタッと来るようになりました。それまで、年に二、三回来るかどうかでしたが、納気延長法をしはじめたら、生理がピタッと来るようになりました」

Aさんは、体重96キロ時代、自分なりに食事制限のダイエットを試みたそうです。一時的に痩せましたが、リバウンドしてしまい、生理が三ヵ月くらいないのが当たり前という状態でした。

納気延長酸素ダイエット法をしていくうちに、生理が来るようになったことは彼女にとっても驚きでした。生理が終わると、体重が再び少しずつ減りはじめ、不順だった生理が順調に訪れるようになりました。

肩こり、腰痛も解消

Ａさんは首や肩がこって気分が悪くなり、腰が痛むこともありました。週に一度は整体に通っていましたが、納気延長法を始めてから、首や肩こりも和らぎ、腰痛も改善し、整体にはほとんど行かなくなりました。

彼女が教室に通ったのは半年ほどです。その後、ある事情で教室を離れましたが、一年後、駐車場でばったりと彼女に再会しました。

「あれから20キロも痩せましたよ。本当に嬉しい。先生、ありがとうございました」と感謝されました。

その後、Ａさんから北京事務所に転勤したというハガキが届き、脂っこい中華料理で彼女がリバウンドするのではないかと勝手に心配しました。でも、一年後のメールにはこんな嬉しい報告があったのです。

「あれからさらに61キロまでダイエットに成功しました。友人の紹介で結婚しました。結婚した後、少し太って64キロになりましたが、幸せ太りでしょうか。自分に自信もなく、身体も不調だらけで、結婚や出産のことなどまったく想像できなかった私が、こんなに痩せて、たくさんの人生の幸福を味わうことができました」

そして母になった

私は、「納気延長酸素ダイエット法をすれば妊娠しやすくなりますよ」と、さらなる効能をAさんに伝えました。

さらに一年あまり過ぎたころ、またも嬉しいメールが届きました。

「女の子を出産しました。産後、体重が増えましたので、また吐納法を始めます」

彼女のような自称「相撲とり」でも痩せられたのです。勇気づけられますね。

「実例②」20キロ減も夢じゃない（二十代女性Bさん）

もの静かな彼女ですが、最初は85キロの体重でした。

話をきくと、「子どものときから太っていました。食卓には、いつもおいしいものがたくさんあって、『食べな、食べな』とお母さんとお婆ちゃんが薦めるのです。食卓には今でもコテコテに山ほどの料理がいっぱい並んでいます」

親にとっては、子どもがおいしそうに食べている姿って可愛いものです。

車内ダイエット

Bさんは、毎日の通勤途中の車内で、往復20分×二回、家でも時々一回、納気延長酸素ダイエット法をやっていました。

最初の一ヵ月で3キロ減ったので、「これは期待できるかも」と自信がつき、続けてみる

ことにしました。しばらくすると、

「一日二回やるのと三回やるのとでは、体重の減り方が違います。やはり三回のほうがぐんと体重が落ちますすね」

と感想を述べて、なるべく毎日三回やるようにしました。

体重減少には停滞期もあったものの、一年三ヵ月で85キロから65キロまで落ちました。

お弁当の中身も変えた

「昔のお弁当のおかずは、いつも鶏のから揚げやコロッケなどの揚げ物でした。いまは曽紅先生が教えてくれたとおり、骨粗鬆症予防の小魚、脂肪酸を燃焼してくれる赤身の肉（酢味噌あえの豚のしゃぶしゃぶとか）、ビタミンの豊富な野菜、ご飯は先生を真似て、二、三口に変えました」そうです。

さすがに「ご飯が二、三口で大丈夫？」と同僚たちは驚いたようです。でも、肉も野菜もバランスよくたくさん食べているので、まったく問題ありませんでした。

体重表をつけることは、日々の食事に気をつけ、とてもやる気になります。体重が減った分、食事の内容と量にも自然と気をつけるようになり、食べすぎることがなくなります。

スマートになりボーイフレンドもできた

「会うたびに痩せてるね」「顔が小さくなったね」「きれいになった」

痩せた彼女は、周りから褒められるようになりました。洋服のサイズもビッグサイズから普通サイズになり、自信を取り戻し、ボーイフレンドもできました。こうしてBさんは体重が減って、夢がどんどんふくらんでいます。

「実例③」三ヵ月で10キロ減って、不整脈も解消した（五十代男性Cさん）

Cさんは心臓の不整脈が激しいため、主治医から「10キロ痩せなさい」と言われました。さらに、電気ショックで不整脈を止める治療も薦められています。

Cさんは「とりあえず10キロ痩せるぞ」という意気込みで、納気延長酸素ダイエット法に挑むことにしました。そして見事に三ヵ月で10キロ体重が減りました。

いつもニコニコ笑って、これといった質問もしない方ですが、週一回の教室でみんなと一緒に練習しているうちに、少しずつスリムになってきました。

私たちは吐納法を行なう前に、歩きながら全身のツボをポンポンとたたく「叩き功」を約30分間ほどします。

ある日、彼がいつものようにポンポンポンとツボを叩きながら歩きだすと、ズボンがスルスルとずり落ちてきて、あわててズボンを引っ張り上げました。でも、すぐにまたスルスルと滑り落ちます。30分間ずっとこの繰り返し。

「ごめん、ごめん。最近瘦せたので、ズボンのサイズが合わなくなったのです」

と、おなかとズボンの間に、ぽっかりと大きな隙間ができたのを、教室のみなさんに見せながら説明していました。照れくさそうな、でも達成感たっぷりの嬉しそうな表情でした。

「すごい、すごい！　何キロ瘦せたの？」

「10キロ瘦せました」

「たったの三ヵ月で？　どうやって？」

「いやいや、毎日お風呂場の腰かけに座って、30分間この納気延長法を行なっただけです。なんでも食べますが、食べる量を減らしただけです」

私は三ヵ月で8キロ瘦せて、これが最高記録とひそかに自負していました。Cさんはいとも簡単に私の記録を破りました。案外、男性は減量の達人かもしれません。

「実例④」6キロ減って、痔も消えた（七十五歳男性Dさん）

「家内が運転できないから、僕がアッシー君で来ました」

そういって、Dさんはダイエットが必要な奥さんと一緒に教室にやってきました。奥さんも六ヵ月で4キロ瘦せました。

当初Dさんは、身長１６０センチ、体重65キロ、ウエストのサイズ94センチでした。ドライアイ、鼻炎、痔、コレステロール値が高いという悩みがありました。

納気延長酸素ダイエット法を行なってから体重が６キロ減少し、鼻炎、ドライアイの症状も軽減してとても楽になり、痔も治りました。

食前の酸素ダイエット

「一日の中で納気延長法はいつごろ行なったらいいのでしょうか？」

と彼から質問がありました。

「ご飯を食べる前に行なうと、効果が高まりますね」

私の答えを聞いた後、彼は奥さんと一緒に日に二回、朝食と夕食を食べる前に行ないました。朝食の前にはおよそ一時間、夕飯の前には20分間行なったそうです。

人間はエネルギーが足りなくなると、食べて補充します。食前に納気延長法を行なうと、身体はやむをえず体脂肪を切りくずして、エネルギーに変換します。

食事前に30分でも納気延長法を行なうと、溜まっている脂肪分がどんどんエネルギー変換に当てられて減る一方、合成されたエネルギーが充満してきます。

エネルギーが充満してくると、そんなに食べなくても済むのです。

Dさんは次のように言いました。

「不思議なことに食欲はそれほど湧かなくなり、おなかを一杯にしなくても満足できるようになりました。食べようと思えば食べられますが、あえて食べなくてもいいという感じです。もともと体重の減り具合はあまり気にしませんでしたが、徐々に体重が減りはじめ、同時に、おなかの出っ張りがへこんできたのです。ウエスト94センチのズボンがぶかぶかになりました。

若いころは細身で50キロほどでしたが、年齢を重ねるにつれ、おなかがぽっこりと出っ張り、中年を迎えてからはサイズが70センチ台から80センチ台、そして94センチとどんどん大きくなっていました。それが、納気延長法を始めてからどんどんサイズは小さくなって、今では痩せていたころのズボンを取り出して履くようになりました」

一週間で痔が消えた

「肛門は吐納法入門のための校門よ！」

だじゃれ好きの私はときどき叫びます。

息を吐きながら、肛門を締めて、さらにその肛門を頭の上へ押し上げていくようにすると、痔が治ることもあるのです。私の教室には、このやり方で40年間も悩んでいた痔を治した方がいます。痔を消す力を秘めています。

そこでさっそく、Dさんも「痔消し」に挑戦。

朝食前、夕食前、日に二回行なっていましたが、さらに、昼食前にも行なうことに。とくに肛門を頭のてっぺんに引き上げることを意識して行ないました。

一週間後、Ｄさんはこう話してくれました。

「この間、僕はかかりつけの病院で直腸の触診をしてもらったんです。そのときお医者さんが、たしか痔をお持ちでしたよね。でも、痔は治っていますね、と言うのです。つまり、何十年も患っていた痔が、たった一週間で跡形もなく消えてしまったというわけです。

僕は、若いころから痔を患っていました。痔核が肛門の外に出たり、出血したりすることがよくありました。これまで、痔核が出てきたら自分で押し込んで対処していましたが、納気延長法を行なうときに、肛門を引き上げながら息を吐くようにしたら痔が消えたのです。本当に驚きました」

息を吐くときに肛門を力強く頭のてっぺんに引き上げるつもりで行なうと、肛門にいい刺激を与え、肛門筋の血流改善につながります。Ｄさんは痔のほかに、子どものときからの花粉症や鼻炎もいつの間にか軽くなり、ドライアイも軽減し、とても楽になったといいます。

「実例⑤」体重も血圧も減っちゃいました（五十代女性Ｅさん）

「太っちょかあさん」

Ｅさんは愛嬌たっぷりに自分のことをそう言っていました。

「痩せるなんてムリ」

と思いながらも、血圧が少しでも下がることを期待していました。

最初の三週間は、血圧を正常に戻すために普通の吐納法（吐気と納気の長さが同じ）で練習です。納気延長酸素ダイエット法を始めたのは四週目からです。

彼女は、車で通勤するときにそれぞれ20分くらい車の中でおなかを凹凸凹凸にしながら練習しました。さらに家では、夕食後にテレビを観ながら毎日30分間ほどやってみました。

すると、三ヵ月で3キロ体重が減ったのです。

その後、気がゆるんでさぼり気味でしたが、それでもさらに2キロ痩せて元々の小顔美人に戻り、体型もスマートになりました。

ドカ食いをやめられた

「会社のストレスで、家に帰ると、必ずケーキやどら焼きなどをムシャムシャと食べていましたが、ドカ食いがなくなり、たまに宴会などで食べすぎて体重が増えても、納気延長法できちんと元の体重に戻すことができました」

高かった血圧も下がったのです。１４０／85から１２５／75に下がり、八年間ほど服用してきた降圧剤も、三錠が二錠になり、二錠が一錠に減りました。

ある日、Ｅさんは私に相談してきました。

「お医者さんは血圧の薬をやめてもいいよと言っていますが、不安だから一錠を飲み続けています。どう思いますか？」

「お医者さんがそうおっしゃるなら、やめてもいいのでは？」と答えました。

彼女は、これまで友人と週五日のウォーキングを三年間続けても痩せられませんでしたが、納気延長法だけでこんなに効果が出るなんて不思議と言っていました。その後、初孫が生まれて忙しくなったため、教室から離れましたが、何年かぶりにお会いしたときにはリバウンドもなく、血圧も正常値をキープしているとのことでした。

「実例⑥」７キロ減って脂肪肝も解消（五十七歳女性Ｆさん）

市の健康診断で「脂肪肝」と指摘されたＦさんは、身長１５３センチ、体重62キロでした。「太っているのはまだ許せるが、脂肪肝はダメ。いい結果を出さなくちゃ」

Ｆさんはそういう強い気持ちで納気延長酸素ダイエット法に取り組みました。

ところが、ある日、お通夜に参列して一時間以上も正座したら、右足の半月板を傷めて教室にも来られなくなりました。

横になってもダイエットできた

Ｆさんに家の中でも練習できるような方法を紹介しました。

「ステップ1」　仰向けになる（敷きふとんなどの上で仰向けの体勢になる）。

「ステップ2」　両足を曲げて、両足の膝とくるぶしとかかとを合わせる。

「ステップ3」　おなかをへこませて肛門を締め、息を5秒くらい吐く。

「ステップ4」　おなかと肛門をゆるめ、流入してくる外気を5秒くらい納める。

「ステップ5」　4の状態のままで1秒、息を止める。

「ステップ6」　もう一回おなかを1秒以上ふくらませる。

両足の膝とくるぶしとかかとをきちんと合わせるのは、身体の歪《ゆが》みを正し、腰痛の改善にも効果のある、とっておきの方法です。

彼女はこの方法で、毎日、朝または夕方に、20～30分間行ないました。半年後には6キロ減って56キロになり、さらに1キロ減って、体重が55キロになりました。

「足が動かなくても吐納法ならできる。痩せられる！　これはすごい」

彼女はご飯を一食につき100グラムに抑えることを守りました。吐納法をすると気持ちが落ち着きますので、「もっと食べたい」というイライラ感がなくなります。

それから半年経って、膝痛も腰痛もすっかり治った彼女は、ふたたび教室に復帰し、元気な自分を証明しました。

「疲れにくくなりました。身体がポカポカと温かくなります。昔は腰や膝にカイロを当てて冬を越しましたが、この冬はカイロなしでも大丈夫になりました」

翌年、市の健康診断でFさんは脂肪肝の指摘をされませんでした。中性脂肪やコレステロールも正常値に戻っていました。

「実例⑦」３キロ減って卵巣の腫れもなくなった（45歳女性Gさん）

「みんなで息を吐いて地球を汚染しましょう。ワッハッハッハ――！」

という名言でGさんはみんなを笑わせます。子どもさんが通う中学校のＰＴＡ活動の一環として企画された勉強会に私の吐納法が採用され、彼女は「行かないとマズイかな」くらいの軽い気持ちで通ってきました。

ところが、やっているうちにグングン体調がよくなってきたので、嬉しくてやめられなくなりました。

彼女は体重を気にはしていませんでしたが、卵巣の腫れ、頸椎《けいつい》変形による首や肩の痛み、頭痛という悩みがありました。納気延長法を行なって半年、体重が3キロ減り、卵巣の腫れもなくなり、頸椎変形による首や肩の痛み、頭痛なども改善されました。

ふとんダイエット

Gさんは週一回教室に通って納気延長酸素ダイエット法を行なうほかに、家で寝る前にふとんの中でも行ないました。５分、長くても10分ほどでした。

「疲れ方が違うよネ〜。目覚めがよく、便通もいい」

「血流がよくなるような感じがするわ」

Ｇさんはこの感覚が気に入って、ほぼ毎晩寝る前に、「ふとんダイエット」と名づけて行ないました。気がつくと、体重が１キロ減っていました。

「食事を減らしたわけでもないし、運動もしていないのに、痩せるってナニ⁉」

と驚いています。

「すごい！」と気をよくして続けていたら、体重が半年で３キロ減りました。

３キロ減っただけで、久しぶりに会った人から「痩せたね」と言われたのにはまた驚きです。

「ボディーラインが見違えるほどスッキリして、ウエストサイズが小さくなって、一つ小さいパンツがはけるようになりました。摩訶不思議です」

と、喜んでいました。

《第3章》

なぜ痩せられるのか

1・食事と食欲のコントロール

赤身の肉を食べて、カルニチンを増やそう

赤身の肉を食べないと痩せられません。赤身の肉に含まれているカルニチンは脂肪を燃やすための重要な役割を担っています。たとえそれがスライスした赤身の薄っぺらなものでも、私は毎日二、三枚は欠かさず口に入れています。食べないと不安です。

私たちの身体は、脂肪細胞をダイヤモンドのように一粒一粒大切に膜で包みこんで貯蔵しています。エネルギーが必要になると、脂肪を分解してエネルギーに変換していきますが、脂肪をエネルギーに変換するのは「ミトコンドリア」とよばれる細胞呼吸小器官です（詳しくは第5章をご覧ください）。しかし脂肪は足がないので、自分ではミトコンドリアの中へ入って行けません。そこで、「カルニチン」と呼ばれるタンパク質がアッシー君として、脂肪をミトコンドリアの中へ運んでくれるのです。カルニチンは体内ではごくわずかしかつくられませんが、嬉しいことに、カルニチンは赤身の肉に豊富に含まれているのです。

「痩せているのに、中性脂肪が多い」

「肉を食べていないのに中性脂肪が多い」

そう言って悩む方はいませんか？

それは充分な肉を食べていないからです。魚や大豆では代用できません。

乳児にも「カルニチン欠乏症」があります。お母さんが動物性の肉を食べないと、カルニチン欠乏の母乳になり、その母乳を飲んだ乳児は心臓病、発育障害など、命にかかわる重大な病を発症することもあります。昔の人はあまり肉を食べなかったので身長が伸びなかったのですが、現代の若者は肉が大好きなので背が高くなっています。

動物性タンパク質は、脂肪を運んでくれるほかに、水分も運んでくれます。だから動物性タンパク質が不足すると水分は身体の中に停滞し、身体がむくんだりします。また、血管、食道、腸などの壁にもなるので、赤身の肉を食べないと身体がボロボロになってしまいます。

また、脂肪を分解するには酸素が必要です。赤身の肉を食べないと、貧血になりやすく、酸素欠乏状態になると、痩せにくくなります。赤身の肉をめぐる舌戦は絶えません。

「お肉は獣《けもの》臭くて食べられません」

「食べないと痩せられないわよ」

「気持ち悪くていやなの」

「肉を食べないと生理も来なくなりますよ」

車の生産ラインではありませんが、赤身の肉を食べて、体脂肪を運ぶ「新車」を毎日出荷しましょう。

食べすぎは肥満要因の一つ

食べすぎは明らかに肥満要因の一つです。私も食べすぎで肥満になりました。

日本人男性と結婚して、大好きな和食をつくろうとはりきっていました。さっそく和食器を買い集めて調理をしはじめたのはいいのですが、西洋料理の影響もあって、食卓にはいつも宴会のコースのように料理がいっぱい並びました。食べ終わった後も、買い置きのものまで探し出しては口に運ぶ始末です。夏の素麺は大好きで、スルスルと底なしに入りました。残飯掃除までしていました。

その後、主人は会社の健康診断で、脂肪肝といわれてしまいました。私は体重が1キロ増えたと思いきや、翌月にはまたもや1キロ増えて、四十歳まで49キロを維持してきた体重は、みるみるうちに68キロに増えてしまいました。洋服も9号から13号、そして15号と大きくなり、身体が横に広がっていきました。

ある日、テレビで食材の詰め放題ショーの映像を目にしました。ビニール袋を指で強引に広げて、人参、キュウリ、サンマ、ウインナーソーセージなどの食材を、袋の口よりも高く生け花のように見事に詰めていく人々のスゴ技をみて思わず笑いましたが、私もあんなふうに胃袋を大きく広げてしまったのだとゾッとしました。いまでは、食べ物の詰め放題はしません。その代わり、身体に酸素の詰め放題をしています。酸素は無料ですしね。

ひとりでに小食になる

肥満の宿敵、それは止まらない旺盛な食欲です。

「ペロッ、パクッ、ドカン！」

ある女性は「大福を一気に十三個食べる」と豪語します。

ご飯三合、ラーメン三杯、あらゆるお菓子を口に放り込んでいきます。胃袋の大きさにびっくりしますが、食欲の大暴走を止めるすべはなかなかないものです。

でも、納気延長酸素ダイエット法は強力に食欲を抑えてくれます。

十数年前、学習院大学の仕事の帰りに山手線の電車で椅子に座り、おなかを凹凸凹凸する30分、乗り換えて次の常磐線でも同じく試したところ、夕飯はそんなに食欲が湧いてきませんでした。少なめの夕食を食べ終えても、いつもの別腹のデザートにも食指が伸びません。大食漢の私は驚きました。これはまさに速効の食欲抑制ダイエット法だったのです。それから徐々に体重も減りはじめ、無理することなく少食が可能になりました。ちょっと多めに食べたときは、胃がむかむかして気持ちが悪くなります。教室でダイエットに成功した54名の方もみな同じようなことを言いました。

「ちょっとで足りる」

「ひとりでに食べなくなりました」

「馬鹿食いがやめられました」

無理やりがまんして食べないという極端な食事制限とは違って、お箸がひとりでに止まる素晴らしいダイエット法です。

食欲ブロックの強さに仰天

食欲抑制効果の強さに、胃腸科病院に駆けつけた女性もいました。

「納気延長酸素ダイエット法を真面目にやりはじめて二、三日後でした。主人と二人で焼肉を食べに行ったのですが、おいしく食べていた焼肉が、なぜか突然おいしくなくなったのです。その後、胃がむかむかして、おかしいと心配になって胃腸科に駆けつけました。いろいろ検査しましたが、胃にはとくに問題はありませんとお医者さんに言われました。やっぱりこのダイエット法の食欲抑制効果でしょうか。驚きました」

ほかにも似たような体験をした方がいます。

そういうわけで、このダイエット法を教える前に、前もって説明する必要が出てきました。

「強力な食欲抑制効果があります。食欲がなくなってきます。胃がむかむかして食べたくなくなるなどの症状が出てくることがあります。脂肪分解と同時に現われる食欲の抑制効果です」

疲れがとれる納気延長法

「疲れ方が違う」

「あ〜あ、疲れた……と言わなくなった」

とみなさんが口を揃えて言います。

このダイエット法で４キロ痩せた女性のお話です。

「いつも身体がだるく、疲れて横になってばかりの日々でした。病院で検査したら、甲状腺機能低下という結果が出ましたが、薬を飲んでも、以前とちっとも変わりませんでした。それで薬をやめました。教室に来て一回目のレッスンが終わって帰り道、なんだか身体が軽いのです。十回コースのレッスンもあっという間に終わって体調もよくなり、気力も湧いてきました。体重59・４キロだったのが55・４キロに減りました。その後の病院の再検査で甲状腺の数値が正常値に近づいていました」

私たちの身体は、体脂肪を分解するとき、分解した脂肪を捨てずにエネルギーの合成に回します。つまり体脂肪はエネルギーに変わるのです。

瘦せたら元気になる！

エネルギーの増やし方

では、どうしたら効率よくエネルギーを満タンにできるのでしょうか。

身体の中のエネルギーの合成については、酸素力がカギとなります。

1分子の糖は無酸素の環境の中で、エネルギーとなるATP（アデノシン三リン酸）が2分子しかつくり出されません。しかし有酸素の環境の中では、エネルギーとなるATPが38分子もつくり出されます。さらに1分子の脂肪酸は有酸素で分解されると、エネルギーとなるATPが129分子もつくり出されます。このように、有酸素環境と無酸素環境では雲泥の差なのです。おなかをふくらませてより多く酸素を納入すると、酸素もエネルギーも満タン状態です。

納気延長法の場合、呼吸数は1分間にほぼ三回程度ですから、肺胞換気率が高いのです。酸素はそれほど重要なのですが、呼気では新鮮な酸素をとりいれることができません。また、おなかをへこませて行なう吸気では、交感神経の機能を亢進《こうしん》させてしまい、血管が収縮して、満足に酸素をとりこむことができません。だから納気が大事なのです。お腹をゆるめて外気を取り入れる納気延長法はエネルギーの増産をもたらしてくれます。ここで最も大事なのは、呼吸数です。

肺生理学では、

浅く速い呼吸（三十二回／分）の分時肺胞換気量は３２００ml

正常呼吸（十六回／分）の分時肺胞換気量は５６００ml

深く遅い呼吸（八回／分）の分時肺胞換気量は６８００ml

呼吸が深く遅い型が、浅く速い型より呼吸率は上がっています。これに対し、納気延長法では1分間に三、四回の呼吸です。すなわちより高い肺胞換気量が得られ、より多くのエネルギー産生が得られます。納気延長法の具体的な換気量とエネルギー増産量については、将来のさらなる研究に期待したいと考えています。

エネルギーが満タンになると、食欲も退散

おなかがグーッと鳴ると、おなかが空いてきたなと思います。

脳の中の「満腹中枢」と「摂食中枢」がエネルギーバランスを感知しながら、食欲を調節しています。エネルギーが足りなくなると、摂食中枢から「食べなさい」という命令が出て、おなかが空いたと感じます。逆に、エネルギーが十分な状態では、摂食中枢から「満足している」という指令が出て、食欲を抑えてくれます。

そこで、ひたすらおなかを凸にして酸素を大量にとりいれることで、多くの脂肪が分解されると同時に、大量のエネルギーも増産され、エネルギーは満タン状態になってきます。そうなると満腹中枢が満悦して、摂食中枢からは「食べなさい」という号令もなくなります。納気延長酸素ダイエット法は、体重よりも先に食欲を減らしてくれるのです。

食欲が減らないときには

凸凸凸と納気延長の練習をしつづけても、食欲抑制の効果を感じない方もいました。そんなときには30分といわずに、一度は思い切って40分から一時間ほどをかけて、テレビや本でも見ながら、おなかを凸凸凸と練習しましょう。そのうち「食欲がおさまった」と感じられます。

脂肪細胞も痩せたがる

じつは、脂肪細胞は自ら「痩せる」ホルモン、「レプチン」を分泌しています。これは一九九四年に発見され、ギリシャ語のleptos（痩せる）という言葉から名づけられました。

レプチンは脂肪細胞からつくられ、ただちに血流に乗って、ガードの厳しい脳血液関門の扉を開き、脳の中の食欲を調節する中枢へ攻め上っていきます。脳に到達したレプチンは直ちに食欲を調節するニューロンを興奮させ、食欲の抑制を強く呼びかけます。

このダイエット法で強力な食欲制御が得られるのも、このレプチンのおかげです。

私たちは体脂肪を悪者扱いにしがちですが、脂肪細胞にそんなにも強いダイエット志向があることを知ってください。私たちのダイエットにこんな頼もしい味方がいるのです。嬉しくなってしまいますね。脂肪細胞に敬意をはらうためにも美しい身体にしようと思いませんか？

「別腹」は脳中枢にあった

誰もが陥る食欲の罠《わな》があります。

ご存知ですね、別腹《べつばら》です。

「食べ放題でケーキを四十六個食べましたよ」

「デザートは別腹だよね。病みつきになるわ」

じつは、別腹って本当なのです。

さきほど、満腹中枢と摂食中枢がエネルギーバランスを感知して食欲の強弱を調節してくれていることをお話ししましたね。これとは別に、私たちの脳の中にはもう一ヵ所、ひたすら快感を求めて食欲を促す脳域が存在しています。

それは感情をつかさどる「情動脳」です。

情動脳はとてつもなく気分屋さんです。食べ物のおいしそうな形や色を目にすると、直ちに反応して興奮します。香りを嗅いだだけでも、「おいしい」という声が耳に入っただけでも、テンションが上がって、ノリノリ気分になってきます。情動脳ですから、逆に、悲しいとき、憂うつなとき、落ち込んだときには、食欲が湧いてこないこともあります。

別腹は、快感を求める情動脳の過剰興奮なのです。

納気延長酸素ダイエット法は、情動脳の過剰興奮を抑えてくれます。

ただし、毎日のように宴会、飲み会、パーティーなどが無節制に続くと、さすがの納気延長酸素ダイエット法も限界です。ダイエット期間中には、お菓子類の買い置きはなしにしてほしいものです。

私は、食事会のときには「ただいまダイエット中！」と友人や店員さんにも宣言しておきます。そして、油の多い天ぷらの衣、コロッケの衣を捨てます。お寿司のシャリを少なめに、お肉の脂身も除けます。

おかまいなしに食べているある友人は、そんな私を見て笑い飛ばしていました。ところが、数年後、その友人は高脂血症により、二度も心臓手術を受けました。

パンやケーキも要注意です。炭水化物はおいしいけれども、食べすぎるとパンパンに太ります。ふだん私は避けています。年に数回、思い切りガバッと食べますが、食べ終わったら、納気延長酸素ダイエット法を多めに行ないます。

「豚ばら肉はなんともおいしいわね」

「この霜降りは最高！」

「バターが大好き、バターの中へ溶けこんでいきたい〜」

情動脳は高脂肪と甘いものが大好物です。これらを食べると太るわと思うと、私は心理的に拒否するようになりました。

味覚も若返る

「バナナにも、こんなに繊細な味があるんだ」

納気延長酸素ダイエット法をスタートした翌朝、バナナを口に入れたときに感じたことです。これまで、朝食はまずバナナを一本食べて、もう一本追加してと、量で満足していました。

このダイエット法を始めてから、バナナを口に入れた途端、「ああ〜、バナナだ。おいしい」と感じ、もう一口、「これは甘い」、そして三口目を食べた後、「もう十分」と脳が判断し、その味の繊細さで満足するようになりました。気持ち的に満足すると、それでおなかも満足してしまいます。納豆も、パックに付いているタレと辛子《からし》を捨てます。余分な味が欲しくなくなったのです。砂糖はもちろんのこと、糖分の多いお菓子類を口に入れた途端、吐きだしたくなります。食品添加物がたくさん入っているお菓子類も、ポンとゴミ箱行きです。

時間をかけて煮込むポトフは、塩などの調味料なしでもおいしくできあがります。人参、カボチャ、じゃがいも、キャベツ、肉など、一つ一つの素材が本来もつ甘みとうま味と塩味を味わいながら、至福の時間を脳とともに共有できます。

和食の極意は薄味にあると思いませんか？

身体が太っているとき、舌も鈍感でした。ペロリと平らげ、おいしさがわかっているようでも、味の繊細さを感じていない「鈍感舌」でした。味覚も嗅覚も鈍くなると、認知症になりやすいといわれています。痩せて若返るのは素晴らしいことです。

空腹時にはがまんしない

無性におなかが空いてたまらないときがあります。

そんなときにはムリにがまんしないこと。ダイエット効果のある食べ物はいくらでもあります。たとえば、バナナ、リンゴ、トマト、納豆、こんにゃく、くるみ、寒天ゼリー、抹茶など。私はダイエット期間中、空腹をしのぐために寒天ゼリーをつくり置きしました。お砂糖を入れない無糖、無油の寒天ゼリーです。

マンゴー寒天ゼリー、抹茶寒天ゼリー、キイチゴ寒天ゼリー、杏仁《あんにん》寒天ゼリー、ブルーベリー寒天ゼリー、コーヒー寒天ゼリー、トマト寒天ゼリー……。新鮮な果物や嗜好品でつくる、たくさん食べても大丈夫な「寒天尽くし」でした。口に入れて15～20分もすれば、脳内の満腹中枢は「おなかがいっぱいになった」と感じてくれます。

残留食欲を退散させるには

食事が終わっても無性に食べたがる人がいます。食欲は「残留」します。そんなときには、お茶を一杯飲みましょう。

食後の満腹感は、胃壁が拡張する刺激によって脳に伝わっていくという経路もあります。一杯のお茶だけでも胃の膨張感を与えてくれるので、残留された食欲も胃の中へ入ってくる一杯のお茶で退散します。

すぐに歯磨きをしましょう

脳には「もう足りました」と感じるときがあります。

そう感じたときには、すぐに歯磨きをしましょう。歯の隙間に挟まれたわずかな食べカスが、その甘みと旨味で、食欲を誘発しつづけることがあるのです。食後の歯磨きはきれいさっぱりと食欲を退散させてくれます。

糖質は脂肪に変わる

「肉も油っこいものも口に入れていないのに、なんで太るのかしら？」

と不思議に思う方は少なくありません。

油脂を食べなくても、身体は糖質をすばやく脂質に変換して蓄えます。身体は無類の脂肪好きです。糖質をとりすぎると脂質が増え、糖尿病になりやすくなり、血管に炎症を起こしてしまいます。糖分は無口な殺し屋なのです。

小麦の食パンにバターや甘いジャムを塗って食べるとおいしいのですが、身体に着実に脂肪がついて太っていきます。果物、野菜、お米にも十分な糖分が含まれているので、これ以上の糖類、砂糖入りの菓子類は避けたいものです。

２・美しく痩せるための六つの必須条件

身体についた無駄な脂肪分を効率的に分解していくための必須条件です。

１・酸素添加／脂肪燃焼には酸素の補充が絶対条件。

２・脂肪燃焼／酸素の力で脂肪がエネルギー、体温、ホルモンに転じる。

３・エネルギー増幅／脂肪分解と同時にエネルギーの合成が増える。

４・食欲抑制／エネルギーが満タンになると、食欲が自然と減退する。

５・筋肉量増加／筋肉が増えると、基礎代謝が高まる。

６・赤身の肉を食べる。

この六つの必須条件が満たされないと、美しく痩せられません。

世の中には無茶なダイエット法が多すぎる

次のようなダイエットには要注意です。

食事制限で痩せたが、生理がなくなった

食事制限はエネルギーの赤字。エネルギー源が絶たれると、身体は筋肉を分解してまで赤字を埋めようとします。すると筋肉量が減り、臓器の機能も低下してしまい、病気を引き起こします。食事制限するのであれば、動物性の脂質、バター、ショートニング、マーガリン、砂糖、お菓子類など、食べすぎた分を制限すべきです。

単品ダイエット

リンゴダイエット、グレープフルーツダイエット、ゆで卵ダイエットなどで痩せたとしても健康によくありません。脂肪の分解には酸素の添加が必要なので、何かを多めに食べる方法では簡単には痩せられません。

痩せるお茶を飲んだ

利尿作用で頻尿《ひんにょう》が怖くなります。痩せるお茶の成分には気をつけましょう。頻尿を引き起こしたり、胃腸障害を起こすものもあります。

ビニールを身体にぐるぐる巻いて、サウナで汗をかく

確かに気持ちよく、ボタボタ汗をかきますが、減ったのは体脂肪ではありません。水分だけです。

運動すれば痩せる?

息を吐きながら力を出す筋トレでは、筋肉量が増えるものの、無酸素運動なので脂肪の分解が得られません。ジョギングでは、脈拍が安易に120以上を超えて心臓に負担をかけるため、酸素の消耗も激しくなります。酸素が不足すると、体脂肪が減りません。中高年の肥満者には不向きです。膝、踵《かかと》を怪我してしまう羽目にもなりかねません。自分に合った運動を選びましょう。世の中には脂肪増減のメカニズムに相反する無茶なダイエット法が多すぎます。

運動したのに痩せない理由

運動は健康にとてもいいものです。毎日一時間歩いた。縄跳びを一日１０００回跳んだ。しかし、運動をしても痩せられず、痩せたとしてもリバウンドする方が少なくありません。ある女性は週五日毎日一時間ウォーキングして、膝を損傷したばかりか痩せられませんでしたが、納気延長酸素ダイエット法で半年で４キロ痩せました。運動で痩せられなかったのは、他の痩せる必須条件を満たさないからです。

運動すると血流がよくなり、全身に酸素が届くようになりますが、運動と同時に酸素を消耗します。それだけでは脂肪を分解するに充分な酸素を得ることができません。もちろん運動するとエネルギーが消費されます。エネルギーが消費されると、脳の満腹中枢と摂食中枢が、食事でとった栄養を吸収してエネルギー合成を促します。でもこれでは食欲減退どころか食欲増進になります。エネルギーも酸素もただ消費されるのでは勝ち目がなく、肥満解消としては引き分けになるわけです。

もちろんプロの運動選手のように、一日三〜六時間もかけて運動すれば、消耗するエネルギーが大きい分、体脂肪が減って筋肉量が増えますが、一般人向きではありません。

動作を伴うと筋肉量もアップ

痩せやすい運動には順番があります。

一般には、無酸素運動→有酸素運動という順番が提唱されています。つまり、まず筋トレのような無酸素運動で代謝レベルを向上させた上で、脂肪を燃焼してくれる有酸素運動を加えれば、より痩せやすくなるというわけです。

うちの教室では、吐納法を行なうと同時に、手足の動きも併せてお薦めしています。心を空にして手足を軽やかに動かすと、筋肉量が増えると同時に、速やかに脂肪が燃焼されていくのです。そのため、つらい無酸素運動を省略できます。

痩せるスイッチは酸素です

六つの必須条件のなかで、もっとも脂肪分解を高めるスイッチは、第5章に詳しく述べますが、酸素です。

脂肪を分解する唯一無二の場所、それは細胞の中に存在するミトコンドリアと呼ばれる細胞呼吸小器官です。ミトコンドリアには脂肪を分解する酵素がたくさん存在していますが、酸素が来ないと、酵素群が回転できません。風が吹かない空には風車が回らない、水が流れない川には水車が回らないのと同じです。痩せるスイッチは酸素です。納気は酸素を調達する達人です。おなかを凸凹にして納気で酸素スイッチを押しましょう。

納気延長法は立派な「酸素カプセル」

森は酸素の宝庫です。

森には及びませんが、納気延長を20～30分もすると、身体の隅々まで酸素が行きわたり、爽やかになってきます。シャンパングラスの底から金色の気泡がブクブク舞い上がってくるような、まるで身体が「森」になったような爽やかさです。

納気延長法は、胸式呼吸より数倍も多くの酸素を体内に納入してくれますので、誰もが酸素の宝庫になるのです。

近年、「高圧酸素カプセル」を利用する著名人が増えています。英国のサッカー選手ベッカムが疲労回復のために利用していることで「ベッカムカプセル」とも呼ばれて注目されました。ただ一般家庭では手に届かない高価な器具で、まず運搬するのがひと苦労です。

そんな器具頼みをしなくても、納気延長を使えば、間違いなく多くの酸素が体内に注がれます。携帯しなくても、どこでも、いつでも、ついてきてくれます。納気延長酸素ダイエット法は立派な、コストのいらない「酸素カプセル」です。

納気延長酸素ダイエット法は「五つ星」レベル

美しく痩せる六つの必須条件に照らすと、私が指導している納気延長酸素ダイエット法はすべての条件をクリアしています。


1・おなかをふくらませるだけで、酸素を好きな分たっぷり納めます。

2・酸素添加された分、脂肪燃焼も激しくなる。

3・脂肪燃焼が激しくなると同時に痩せて、より多くエネルギーが合成されます。それに激しい運動しない分、エネルギーの消耗も少なくなります。

4・エネルギーが充満してくると、脳の満腹中枢が満足し、摂食中枢は食欲を抑えてくれます。

5・手足を動かしながらやると、筋肉量が増加し、結果として脂肪を効率的に燃焼させることができます。

6・教室のみなさんは赤身の肉を満喫しています。

満たされた六つの必須条件は互いに調和して素晴らしいコラボレーションですね。手軽に、ふとんの中、電車の中、テレビを観ながら、無理なく、どこでも簡単にできる納気延長酸素ダイエットです。脂肪分解の経路に沿った方法でもあり、楽で、美しく痩せる方法です。

消耗系の運動と合成系の納気延長法

「運動と納気延長はどこが違うのでしょうか」という質問に、私は次のように答えています。

運動はエネルギーの消耗系、納気延長はエネルギーの合成系、そこが違いますと。

運動すると、エネルギーが消費されます。そのためにエネルギーの合成が盛んに行なわれながら消耗されていきます。エネルギーが消耗された分、食欲が増えます。加えて、酸素も大いに消耗されます。

一方、納気延長では、軽やかに手足を動かしながら、おなかを凸凹するだけの簡単な動作なので、エネルギーは大して消耗されません。

身体の中に酸素が大量に調達されるにつれ、脂肪を分解してエネルギーへ合成していく量が増えてきます。すると、エネルギーの大豊作にご満悦な「満腹中枢」も食欲を抑えてくれます。

酸欠はおデブちゃんの共通点

「ハーハー、ハーハー」

とおデブちゃんはいつも息を吐いていませんか。汗を拭きながら、息を吐いてばかりです。脂肪を分解するには酸素が必要なのに、吐いてばかりでは、酸素が十分ではありません。酸素が品薄の状態です。

ある太っている男性が言いました。

「酸素が足りてないな。鼻腔ではなくて、鼻の穴がまるで針の穴のようで、針の穴から少しだけ酸素が入ってくる感じ」

なぜ彼らは酸素欠乏の状態になるのでしょうか?

おデブちゃんの首が太いのは、脂肪が溜っているからです。口の中の軟口蓋《なんこうがい》や喉にも脂肪が溜り、空気の出入りする気道が狭くなり、酸素の納入が正常に比べてかなり少なくなるからです。また、大きなおなかには脂肪が盛り上がっていて、呼吸筋である横隔膜の上下運動を狭くしているからです。太れば太るほど酸素をとりにくくなり、その結果、ますます太っていくのです。

横隔膜の動きを見よう

身体の胸部と腹部を区切るのは横隔膜です。横隔膜は呼吸のリズムをつくり出すリーダー役です。人間が息を吐くとき、横隔膜を腹部から胸部のほうへ押しあげて、吐く息を助けます。吐き終わると、横隔膜を腹部のほうへ平らに沈み、胸郭の容積を大きく広げて、酸素の流入を楽にしてくれます。「腹式の吐気」は、腹筋が収縮しておなかをへこませ、腹圧を上げて横隔膜を胸のほうへ強く押し上げていきます。胸郭の容積が小さくなり、胸腔内圧が上がり、二酸化炭素が吐きだされます。

「腹式の納気」は、外肋間筋とほかの補助筋は肋骨を大きく前上方に引き上げ、胸郭を縦方向へ広げ、横径も軽く広げて、胸郭の容積を大きくします。横隔膜が腹部のほうへ平らに沈み、腹もふくらみます。胸腔内を陰圧にすると、外気の気圧が高いので、酸素が自然に流入してきます。

痩せる納気と太る吐気

吐気では酸素が入ってきません。

「やってみましたが、ちっとも痩せないわ」と言われたことがありました。

その方は納気の時間が短く、吐気の時間が長かったのです。吐気では痩せられません。これは初心者によくある現象で、納気を長くしなさいと教えますが、すぐにまた吐気を長くしてしまうのです。吐気を長くしては、太ってしまいます。

しばらく前に流行っていた息を強く吐くダイエット法がありました。教室のある男性はそれを真似てやってみると、痩せるどころか2キロも体重が増えてしまいました。吐気ではだめなのです。

吐気は身体を癒し、食欲や体重を増やしてくれます。

一方、納気は脂肪を分解するパワーが満ちています。瞬時に素早く酸素を調達し、脂肪を燃焼させる効果を発揮するのです。

吐気は息を吐きますが、脂肪を分解する効果を発揮できるような元気はありません。

このように、痩せるも太るも、息一つをとっても違います。

酸素のとりすぎは大丈夫？

納気を延長するからといって、無限に延長するわけではありません。そもそも人間の身体には、ガス探知センサーがたくさんあります。二酸化炭素が溜まってくると、脳から再び吐気の指令が出されます。ですから、酸素のとりすぎを心配することはありません。

納気延長法は、さまざまある有酸素運動の中のトップスターです。最大限の「換気」で最大限の「歓喜」を味わいましょう。

3・納気を続けたら、体温が37度に上昇した

もう一つ重要なことは、納気を持続的に延長させると、体温を37度まで上昇させる効果があることがわかってきたことです。

体温が37度に上昇した女性

ある若いお母さんは娘さんの予防注射のために病院の待合室で待つ間、暇つぶしに酸素ダイエットをやっていました。看護師さんが診察室から出てきて、「念のためにお母さんの体温も……」と測ってみました。

「37度です。微熱がありますね」

彼女は酸素ダイエットのことを看護師さんには言いませんでしたが、

「待合室で酸素ダイエットをやったことで体温が37度に上がったに違いない」

と教室のみなさんに話しました。

彼女はまた、「前は、夏に冷房の部屋にいるとひざ掛けをしないと寒くて大変でしたが、今年の夏は、ひざ掛けをしなくても身体がポカポカしています」と話してくれました。

私の体温は35度と低かった

私も若いときから冷え症でした。

夜中でも「ああ〜、寒い」と二度お風呂に入りました。電気毛布がないと入眠できませんでした。私の足は冷凍豚足かしら？　と苦笑いしていました。

仲のいい友だちも靴下の重ねばきを自慢しています。

「私は靴下を二枚もはいています」

「私は三枚よ」

「靴下のために、本来より0・5センチも大きな靴を買いました」

私は吐納法を学び、68キロから51キロにダイエットすることに成功した後、体温が上がり、冷え症は改善し、カイロも電気毛布も卒業しました。

ところがです。五十二歳で更年期に入ったとき、また体温が35度台に下がっていました。

このとき、すでに吐納法の「指導者」でしたが、

「まあ、更年期によくあることだわ。気にしない」と考えながらも不安でした。

じつは、体温の調節は自律神経の支配を受けています。自律神経はすべての細胞を支配していますが、じつは女性ホルモンによって保護されています。五十代になって、女性ホルモンが激減すると自律神経失調症になります。

私の場合、五十肩、不眠、うつ気味、低体温、それらがドドッと一度に全部来ました。茶碗一つも洗えない。電話に対応する思考力もない。悲しくないのに涙がとめどもなく出る。立とうとしてもヘナヘナと座り込んでしまう。手が枕に触るだけでも肩が痛かったのです。

ところが、生まれつきの無神経のせいでしょうか、仕事も忙しすぎて病院に行く暇がありませんでした。納期延長酸素ダイエット法をそのまま続けていくうちに気がつくと、心身の不調が全部解消できていたのです。更年期障害を解消して、快勝です！

いまは体温が36度台に戻ってきました。身体がポカポカして、電気毛布どころか、真冬のふとんの中の涼しさがちょうどいい感じ。薄い下着姿で寝ています。雪の日も、うっかりしてお風呂上がりにふとんに入ったら大変。暑すぎて再びふとんから抜け出して身体を冷ましてから寝ました。夏には、冷房をつける必要がありません。冷たい水シャワーを浴びて、なんとも気持ちがいいのです。体温の調整機能が良くなったということです。

体温変化の実証をやってみました

先ほど述べた、若いお母さんの体温が37度に急上昇したことが気になりました。酸素ダイエットを行なったとはいえ、いくらなんでも、まさか37度に？　自分で確かめたくなりました。

そして、論文指導の川島徳道教授（元桐蔭横浜大学教授）の指導のもとで検証し、論文「腹式呼吸の順式持続納気延長法が体重と体温に及ぼす影響について」を（Material Technology vol.29.N0.6(2011)p218-225）材料技術研究協会誌で発表させていただきました。

当時、教室に通っている62名の方々も喜んで協力してくれました。62名のうち、55名が吐気延長法を練習している方で、7名が納気延長の酸素ダイエットを行なっている方です。

二つのグループ、a群（31名、平均年齢六十歳）、b群（31名、平均年齢五十七歳）に分けて検証しました。同じ部屋、同じ室温23度、同じ湿度78％で行ないました。湿度が78％と高かったのは、ちょうど紫陽花が美しく咲きだす梅雨の時期に行なったからです。

ａ群は・何もしないで静かに座る（10分）。
　　ふだんより速く歩く（10分）。
ｂ群は・吐気延長の吐納法を行なう（10分）。
　　納気延長の吐納法を行なう（10分）。
という課題をやってもらいました。

【結果】

ａ群の31例

①何もしないで静かに座ってから10分後、体温が平均０・１度上昇しました。これは「有意に上昇した」と認められました。

②ふだんより早く歩いてから10分後、平均体温が０・３度下がりました。これは「有意に下降した」と認められました。

ｂ群の31例

③吐気延長の吐納法を行なってから10分後、体温が平均０・36度上昇しました。これは「有意に上昇した」と認められました。

④納気延長の吐納法を行なってから10分後、体温が平均０・３度上昇しました。これは「有意に上昇した」と認められました。

七名の体温が37度に上昇した

ａ群とｂ群を比べると、明らかにｂ群のグループ、吐納法を実施したほうに顕著な体温の上昇が認められました。その中でも31名の中の七名の方の体温が37度、あるいはそれ以上に上昇していました。

七名は納気延長酸素ダイエット法を一週間以上継続して行なってきた方で、10分の吐納法の後に顕著な体温の上昇が見られたのです。納気延長の吐納法を行なう前の体温は平均で36・61度でしたが、行なった10分後には、平均37・17度に著しく急上昇し、平均体温の上昇値は約0・56度に達しました。中には37・3度、37・4度に上昇した方もいました。

一方、10分だけの吐納法を初めて体験する方は、体温が上昇したものの、37度まではなりませんでした。

検証してわかったのは次のことです。

1・納気延長法を初めて行なう方は、10分だけの実施では37度に上昇しなかった。

2・納気延長法を一週間以上続けた方は、10分だけの実施で、体温が37度以上に上昇した。

キーワードは練習の「持続」にありました。

これまでの「一日に30分×三回の納気延長法が効果的」という考え方に裏付けが得られた

ように思います。

痩せるカギは37度の体温にあった

「肥満の原因は体温産生の機能低下にある」と言われています。

脂肪をうまく体温に変換できないから、脂肪をそのまま溜めこむという研究が世界的に注目されています。

脂肪細胞は次の双子兄弟です。

「白色脂肪細胞」

「褐色脂肪細胞」

二人の兄弟は大の仲良しです。兄貴分の「白色脂肪細胞」は、エネルギーすなわち体力の産生を担っています。弟分の「褐色脂肪細胞」は、体力ではなく、体温の産生を専門にしています。体力と体温の違いです。

生まれたばかりの裸の赤ちゃんの身体には「褐色脂肪細胞」が多く備わっています。それはお母さんの温かいおなかから生まれてくるとき、外の世界の寒さに耐えられるようにするためです。

ところが、その数は、大人になるにつれてだんだん減っていきます。

「おやおや、減ったら体温産生の褐色脂肪量が足りなくなるのでは？」と思われますが、そんなとき、弟分は、「脂肪を貸してください」と兄貴に相談します。そして、兄貴分の白色脂肪細胞から脂肪を無条件で借りてきて体温の産生に励みます。そのため、褐色脂肪細胞の数が少量でも十分なのです。

ところが、体温産生に励んでいた弟分は、遺伝子の機能低下か自律神経のバランス失調か、なにかの不具合で能率が下がってきます。兄貴に脂肪を貸してくださいと言わなくなり、白色脂肪細胞が溜まってくる一方です。

肥満のカギは体温にある！

研究者によるラットの実験では、3分で体温が0・6度急上昇しました。私たちの体温計測では10分で体温が0・6度急上昇し、平均37・17度に上がりました。

しかも納気延長酸素ダイエットによる確実な肥満解消効果も得られています。

以上のように、納気延長酸素ダイエットによる肥満解消のカギは、体温が産生されるプロセスにあると推測されます。今後のさらなる科学的な解明に期待したいものです。

４・リバウンドしないコツ

四十二歳からリバウンドしやすい

私たちの身体は四十代から脂肪を分解する能力が急激に落ちます。「中年小太り」といわれる現象です。

そもそも脂肪は、身体の中でエネルギー合成の原材料として利用されています。エネルギー合成に振り分けられた分、脂肪は減少していきます。

残念なことに、脂肪をエネルギーに変換する場所、すなわち細胞呼吸小器官の「ミトコンドリア」は、四十二歳ごろから急激に機能が低下していくのです。

ミトコンドリア研究の権威である太田成男日本医科大学大学院教授は、次のように述べています。

「いろいろな年齢の方々のミトコンドリアを調べてみると、この四十二歳を境にエネルギー生産の能力が急激に落ちているのです。（中略）ミトコンドリアの機能の低下は、女性も同じですから、男性と同じく四十二歳ぐらいになると、エネルギー生産が急激に低下することをぜひ意識して生活していただきたいと思います」（太田成男『体が若くなる技術』サンマーク出版）。これを頭に入れてください。

ある男性は痩せたあと、リバウンドしてしまいました。

彼は心臓の不整脈が原因で主治医から「10キロ痩せなさい」と言われ、私の教室に通ってきました。三ヵ月の酸素ダイエットで、嬉しいことに10キロ体重が落ちました（詳しくは91ページ）。

しかし、教室を離れて二～三年経って彼とばったり会うと、

「お久しぶりです。あれから練習をしなかったもんで、元に戻りましたよ」

と照れくさそうに笑っていました。

リバウンドしないコツ

「コツはとても簡単、ただやるだけです」

痩せた後、一日に30分×二～三回の練習は必要ありません。毎日一回でも、ただやるだけです。病気予防のために細く長く続けていけば、リバウンドしません。サボってしまうと、「四十二歳からの機能低下」が頭をもたげます。このことを念頭に置いてください。体脂肪は「自然消滅」はしません。四十二歳からは、おなかを凹凸する「手動」が必要です。若返るためにも、続けること、継続が大事です。

私はストレスでリバウンドしていた

私はストレスに弱い。博士論文を書くときにリバウンドしてしまいました。教授からの一つ一つの指示に精神的に緊張していました。

どうしょう？　どうしょう？

脳がパニックになります。すると、手が自然に食べ物のほうへ伸びていきます。

バナナ一本、二本、五本、蜜柑一個、二個、三個……。

どら焼きも一個、二個、五個、干柿一個、三個……。

無意識の中で食べつづけました。

パニックになった脳は、本能的に食べ物で満足するように求めました。論文執筆の作業は毎日深夜2時まで続けていましたので、寝る前には、痩せる納気延長法ではなく、入眠しやすい吐気延長法を練習しつづけました。体重は51キロから55キロに太ってしまいました。

さすがに、論文指導の川島徳道教授にも言われてしまいました。

「曽紅さんのおなかは出ているね」

なにしろ、「順式持続納気延長が体重と体温に及ぼす影響」というタイトルの論文を書いているのですから、このおなかでは説得力はありません。

論文審査を受けるとき、私は一所懸命おなかをへこませて隠そうとしました。

リバウンドしてもやり直せる

「リバウンドした後でもやり直せるのか？」

はじめてリバウンドした私には、一抹の不安がありました。

でも、太るなんてやはり嫌ですよね。

そこで、博士論文を書き終わった二月九日からダイエットを決心しました。

一日に30分×三回。

朝、昼、晩、テレビを観ながら納気延長酸素ダイエット法を行ないました。

嬉しいことに、日に日に瘦せていきました。最初の一週間の体重減少幅はなんと2キロも減りました。一日平均286グラムの減少です。思わず、

「瘦せるなんてかんたんよ！」と心の中で叫びました。

結局40日で、初日の55・1キロから最終日の50・2キロになり、またもや成功しちゃいました。

40日で5キロ痩せちゃいました

私の40日間の体重変化は次ページのようになります。

二月九日から三月二十日の40日で、体重は55・1キロ↓50・2キロと、ほぼ5キロ減少しました。学会ではＢＭＩ（肥満度）を基準にしており、体脂肪率は参考になりませんので、体脂肪率については省略しました。

私の40日間の体重減少記録

表のスペースが狭いため、食べた野菜類は少し省略しています。

次のような特徴が見られました。

●最初の一週間で体重が大幅に、一日平均２８６グラムの体重減少となった。

●二週目から体重減少の停滞期があった。

●骨格筋率が増えた。骨格筋率は25・9↓26・7に増えた。

月日	体重kg	ＢＭＩ	骨格筋率	体年令	脂肪	食事内容
2/9	55.1	22	25.8	56	5	牛スネ肉、キャベツ、人参、ジャガイモのポトフ
10	54.5	22	25.5	56	5	牡蠣、イカ、サーモン
11	54.3	22	25.7	56	5	豚肉、鯵の塩焼き、野菜
12	53.9	22	25.7	56	4	牡蠣、豚肉、白菜
13	53.6	22	25.6	55	4	牛スネの煮込み、あさり汁、野菜
14	53.2	22	25.7	55	4	牛すね肉、キャベツ、人参、ジャガイモのポトフ
15	53.1	22	25.7	55	4	牛すね肉、牡蠣、かつお、野菜炒め
16	53.1	22	25.7	55	4	記入漏れ
17	52.7	21	記入漏れ	55	4	ぶりの照り焼き、ツナと白菜の煮込み
18	52.9	22	25.4	55	4	牛すね肉のポトフ、鯵の干物
19	52.6	21	25.6	55	4	牛すね肉のポトフ、牡蠣、菜の花
20	52.7	21	25.7	55	4	ステーキ、鯵の塩焼き、野菜
21	52.9	22	25.9	54	4	記録漏れ
22	52.9	22	26	54	4	豚肉の豆腐詰め、豚汁、野菜炒め
23	52.9	22	26.3	54	4	牛すね肉と豚肉の豆腐詰め、野菜炒め
24	52.8	21	26.3	53	3	牡蠣と白菜と山芋と豆腐の煮込み
25	51.9	21	25.9	53	4	鯵の塩焼き、牛すね肉ポトフ、イカ
26	52	21	26.2	54	4	エビチリ、豚肉の椎茸詰め
27	51.9	21	25.9	54	4	豚肉の苦瓜詰め、鯵の塩焼き
28	体重に変化がないため、記録したくなかった					

月日	体重kg	ＢＭＩ	骨格筋率	体年令	脂肪	食事内容
3/1						
2						
3						
4	51.8	21	26.2	53	3	牡蠣と白菜の煮込み、鯛の煮付
5	51.6	21	26.2	53	3	あんこ鍋、牛のすね肉ポトフ
6	51.6	21	26.2	53	3	鯛の煮付、マグロの中トロ、野菜
7	51.6	21	26.5	52	3	牛のすね肉、かつおの刺身
8	51.1	21	26.4	52	3	牡蠣と白菜の煮込み、かつおの刺身
9						
10	51.2	21	26.3	52	3	ぶりの煮付、鯵のあら汁
11	51.1	21	26.1	54	4	牛筋生姜卵の甘酢煮込み
12						カレーライス
13	50.9	21	26.4	52	3	野菜、小魚、魚の煮つけ
14	51	21	26.4	52	4	燻製牡蠣と白菜の煮込み、豚肉生姜焼き
15	51.3	21	26.4	52	4	牡蠣と白菜の煮込み、鯛の煮付
16	51	21	26.5	52	3	牡蠣と黄花菜と茸の煮込み、サザエ
17	17～19日、学会に出かけ、毎日往復電車内で４時間ほどを行ないました。					宴会　ケーキなど飽食ビーフ
18						牡蠣と黄花菜と茸の煮込み、鶏肉
19						かつカレー、豚タン
20	50.2	20	26.7	51	3	牡蠣袋茸菜花の煮込み、豚生姜焼き

痩せるための豪華な食事

食事の欄をご覧になればよくわかると思いますが、タンパク質と野菜をとっていることに注目してください。とくにカルニチンが含まれている赤身の肉、豚肉、牛すね肉を意識的に多く食べています。ダイエット食としては豪華だと思いませんか。

赤身のお肉を食べても痩せました。食べたのは正解でした。

人間、その気になれば、何だってできますね。この経験は私を強くしてくれました。あなたもトライしてみません？

《第4章》

太るための「吐気延長法」

1・吐気延長の方法

吐気延長法は胃腸の動きをよくして、栄養の吸収を高めながら、体重、体力を増やし、症状を改善してくれる方法です。「太れない」「痩せすぎ」という悩みは、身体に問題を抱えている場合がほとんどです。教室に来られる方はそれぞれの症状改善が目的ですが、この「吐気延長法」を行なうことで、いつのまにか症状が改善され、体調がよくなり、同時に体重も増えてきます。癌で激痩せしたけれど体重が増えて元気になった方もいます。太れない胃腸障害の方、そして不眠症の方、みなさん、症状を改善して体重が増えました。

三つの方法

ポイントは吐気を長くすることです。三つの方法で行なうことができます。

「方法1」長吐気――吐気を納気の倍にする
「方法2」強吐気――吐気を強く行なう。
「方法3」閉気――1分間、息を止める。

これは、台所の火加減にたとえれば、「弱火」「中火」「強火」の違いになります。

ほとんどの方は、「方法1」で、精神的に明るくなり、体力も食欲も増し、症状もある程度改善できます。三ヵ月後には、「あれ？　体重が増えた」と気がつきます。場合と時によっては、「方法2」と「方法3」を試してみるのもいいでしょう。

「方法1」吐気を納気の倍にする

①「吐気」おなかをへこませて、肛門を締めて息を吐く（6〜12秒）。
②「納気」おなかと肛門をゆるめ、外気を納める（5〜6秒）。

初心者は、最初は短めに吐きましょう。

慣れるまでには、最初4〜6秒吐いてみて、吐くことに慣れるようにしましょう。慣れてきたら8秒〜10秒ぐらいと吐気を長くしていきます。息を細く、長く吐く。熟練すると、10〜12秒ぐらいかけて、細く、長く吐けるようになります。効果も上がります。


まずおなかをへこませましょう。

息を吐くことばかりに気をとられないように、まずはおなかをへこませましょう。

うまく息を吐けないという初心の方がいました。この方の様子を眺めると、「ふ〜」と息を吐いているものの、おなかが微動だにしていません。口だけで息を吐いていたようです。これでは単なる胸式呼吸にすぎません。まずはしっかりとおなかをへこませて肛門を締めましょう。すると、息をスムーズに、細く、長く吐き続けることができます。

「方法2」息を強く吐く

納気より吐気を延長させる方法ですが、吐気を弱強二段に分けて行ないます。最初の5〜6秒、息を軽く細長く吐き、残りの数秒は息を強く吐きます。

①「吐気」おなかをへこませて肛門を締めて息を吐く（5〜8秒）。

②「強吐気」もう一回おなかをへこませて、ここでもう一段強く息を吐く（数秒）。

③「納気」おなかと肛門をゆるめて、外気を納める（5〜6秒）。

「方法３」息を一秒間閉じる

①「吐気」おなかをへこませて肛門を締めて息を吐く（５～10秒）
②「閉気」息を止める（１秒）
③「吐気」もう一回おなかをへこませて息を吐く（１～２秒）
④「納気」おなかと肛門をゆるめて、外気を納める（５～６秒）

注意すること

1・息を吐くより、まずおなかをへこませましょう。おなかをしっかりとへこませて肛門を締めると、息を細く長く吐くことができます。

2・まず吐くことに慣れましょう。初心者は慣れるまで、まず３～６秒吐いてみて、吐くことに慣れるようにしましょう。慣れてきたら、８秒ぐらい息を細く長く吐くようにします。

3・最初の「吐気」は優しく、細く、長く行ないましょう。

4・「強吐気」は思い切って強めに数秒間吐きましょう。

5・無理は禁物。秒数にこだわらず、気持ちよく行ないましょう。

うまく行なう七つのポイント

実際にやってみると、「あれ?」と思うことが出てくるでしょう。うまく行なうコツをご紹介します。

①行なう前にお手洗いに行きましょう

行なう前にまずお手洗いに行きましょう。腹式で行なうため、肛門にも腹圧が加わります。お手洗いに行って身軽にしてから始めましょう。

②産声を上げるように吐気法で吐きましょう

「うまく吐けない」という初心者がいます。そのときには、まず赤ちゃんが「おぎゃあ~」と産声を上げるように息を吐いてみましょう。すると自然とおなかがへこみ、おなかの底から息を吐きだすことができるようになります。

③鼻で息をしましょう

産声を上げるように息を吐くのは、あくまでも初心者の場合の吐気の練習です。慣れてきたら、口ではなく、鼻で息をしましょう。口で息をすると、口乾燥症になりやすく、雑菌の繁殖の原因にもなりますので、鼻で息をしてください。

④へそを背骨にくっつけて吐きましょう

へそを背骨にくっつけるつもりでゆっくりと息を吐くと、おなかをしっかりへこませることができ、息もしっかりと吐き出すことができます。

へその下あたりは「丹田」と呼ばれます。丹田をへこますつもりで息を吐きます。ここをへこませないで息を吐くと、ただの胸式呼吸法になりがちです。丹田を動かす腹式でやりましょう。

⑤へこませるのはへその下

へこませるのはへその下。へその上ではありません。へその上をへこませると、内臓が下腹のほうへ押されていきます。これでは内臓下垂にならなくても、自律神経が乱れてしまいます。

へその下、恥骨の上をへこませると、内臓が持ち上げられているように感じます。へその下をへこませながら息を吐くと、ほどよい腹圧がかかり、ほどよい内臓マッサージにもなります。20～30分、この吐気延長法を繰り返すと、内臓が癒されるいい時間になります。

⑥おならをがまんするように肛門を締めましょう

肛門をうまく締められない、という初心者がいます。おなら、お小水をがまんするように、ギュッと肛門を締めます。多くの呼吸法の教室では、肛門を締めるという動作を取り入れていません。息を吐くときに肛門を締めると、自律神経のバランス回復に効果が大きいのです。自律神経はすべての細胞を支配しますが、細胞たちの情報も聞いてくれます。しっかりと肛門を締めて息を吐くと、肛門情報は脳に伝えられ、脳はそれなりに肛門からの要求を聞き入れて喜ばしい返事をしてくれます。慣れてきたら、肛門を頭のてっぺんに引き上げていくつもりで息を吐きましょう。痔の予防や解消、尿漏れの改善にもいいでしょう。

⑦息を吐きすぎないように

初心者の方は息を吐きすぎる傾向があります。そもそも人間は、息を吐くのが好きなようです。疲れたときにハ〜と息を吐きます。悩んでいるとため息をします。教室では、あえて吐気を延長しましょうと言わなくても、みなさん、自然に納気より吐気を長くして吐いています。

よく次のような質問を受けます。

「うまく息が吸えないのです。苦しくなります。なぜでしょうか？」

観察してみると、おなかをへこませています。肛門も締めています。でも同時に息を長々と吐いています。それ以上吐くと窒息死するのではと思うくらいです。これでは次の納気に切り替えていくのがむずかしいようでした。吐きすぎると、納気が間に合わないから苦しくなるのです。中には20秒も吐く初心者がいました。それでは苦しくなります。慣れないうちは４、５秒軽く吐き、慣れてきたら少しずつ吐気の長さを延ばしていきましょう。くれぐれも「窒息」しないよう注意してくださいね。

２・太るにも五つの必須条件

「最も短命なのは痩せた人、太り気味の人より六、七歳早く死ぬ」という事実が、厚生労働省の研究班（研究代表者・辻一郎東北大学教授）の大規模調査でわかりました。寿命はともかく、太りたくても太れない痩せすぎはつらいものです。

まずは、次の五つの必須条件を備えましょう。

①自律神経のバランス回復

痩せすぎの多くの方は、眠られない、食べられないなどの症状を訴えています。そのもとは自律神経の失調症にあり、とくに副交感神経の機能低下にあります。吐気延長法は交感神経と副交感神経のバランスを力強く回復してくれます。

②ストレスからの解放

仕事、対人関係、その他のストレス、過度のストレスは神経性胃潰瘍をもたらし、不眠などの原因にもなります。まずは頑張ることをやめましょう。多忙な私は、「今日の仕事は明日やる」と、心に余裕を与えるようにしています。「もうちょっと頑張ろう」を「休もう」に変えました。

嬉しいことに、吐気延長法を持続的に行なうと、神経伝達物質の合成が高まり、ストレスに対応する思考能力が高まります。深刻な悩みごとも、「まあいいか」という気持ちの切り替えに導いてくれます。

③ 症状の改善

何らかの病気を持つと、体力が消耗され、痩せてしまいます。

吐気延長法はすべての病気を改善できるほど万能ではありませんが、多くの生活習慣病の改善のきっかけになります。太るまでには、まず症状改善のために練習しましょう。

④ 胃腸を快調に

栄養の消化吸収は胃腸が頼りです。吐気を延長すると、胃腸の運動が活発になり、快調になります（胃の中にピロリ菌がある人は必ず除菌してください。ピロリ菌は胃癌発症の主な原因です）。

⑤ 栄養補充が大切

痩せている多くの方は、肉、卵、ご飯、果物を食べていないようです。栄養失調になると、病気にもなりやすいのです。吐気延長法と栄養補充との相乗効果をはかりましょう。

瘦せ過ぎの原因はどこにあるのでしょうか

瘦せすぎの主因は胃腸にある

最近、教室を訪ねてきたある女性は、身長160センチで体重はたったの35キロでした。

「肩がハンガーのようにお洋服を掛けているだけ、筋肉がついていないのです。食欲も気力もなく、身体があちこち痛くて外出もできません。病院の検査ではどこにも問題ないというのです。四日間で口にしたのはリンゴ一個だけでした。体重もないし、体力も気力もない。太りたいけど太れなくてつらい」と言うのです。

そこで、吐納法を少しずつやっていると、半年で3キロ太ってきました。

多くの方は、病院に行っても、瘦せすぎの原因が見当たらないと診断されますが、難病はともかく、瘦せすぎる主な原因は胃腸にあります。

痩せすぎの原因はどこにあるのでしょうかと、教室のみなさんに聞きました。

「腸、腸、腸！」

と自信満々に「早押し」する女性がいました。

「以前、私は痩せすぎて困っていたので、病院に行くと、お医者さんからあなたは腸が弱いので、食べ物を食べても、吸収しないから痩せると言われました」

腸が弱いことが痩せすぎの重要な原因であることが多いのです。なぜならば、三大栄養素の吸収と合成のほとんどは小腸の中で行なわれています。腸の働きが弱くなると、栄養を吸収できず、太りたいのに太れなくなるのです。

腸は超かしこい

藤田紘一郎さんの著書『脳はバカ、腸はかしこい』（三五館）はよく知られていますが、私たちの腸は本当にかしこいのです。とくに小腸は超かしこい。

私たちの身体に必要な三大栄養素である糖質、タンパク質、脂質のほとんどは、7メートルもある長い小腸から吸収、合成されます。

栄養の消化吸収は、まず胃から始まります。食べたものが胃に収まると、胃の消化活動により、食べたものはお粥《かゆ》状になります。トロッとしたお粥が小腸に運ばれると、膵臓《すいぞう》と胆嚢《たんのう》から分泌された酵素が「調味料」として加えられます。すると、小腸はお粥と調味料をベースにして、糖、アミノ酸、脂肪酸などを合成します。ちなみに、あのうつ病の問題物質とされている「セロトニン」という神経物質の大半も、小腸から吸収、合成されたものなのです。

脳もバカではない

小腸は、栄養の吸収と合成をするために、三種類の運動をしています。

①一つ一つの分節に分けて行なう分節運動
②お粥を混ぜるための振動を引き起こす振子運動
③内容物を送りだす運動

これが1分間に九〜十二回のリズムで行なわれています。これらの運動は小腸反射などによって繰り返されますが、自律神経からの指令も受けています。消化と吸収は、脳、胃、腸からの指令で成り立っています。腸だけがかしこいのではありません。自律神経として、交感神経は小腸の運動を抑えます。副交感神経は小腸の運動を促します。

瘦せすぎの人には、しばしば、神経過敏、不眠、食が細い、下痢などの症状が見られます。これらは副交感神経の力が落ちている証拠です。

副交感神経は、胃の運動を促して消化を助けてくれます。小腸の栄養吸収の助けに、膵臓と胆嚢から調味料が分泌されるのですが、これらも副交感神経の指示によって分泌されたものです。もし副交感神経の容量が小さくなると、「調味料」の分泌が減ってしまいます。

痩せすぎの人には、他人のことばかり心配する献身的な優しい方が多いようです。その結果、脳が疲れてしまうのです。

ストレスがかかってくると交感神経が興奮し、それを抑える副交感神経は巻き添えをくって疲れてしまうのです。副交感神経が疲れてくると、胃腸の面倒をみる余裕がなくなります。

脳をかしこくするためには、「気休め」の時間を、のんびりする時間を増やすことが大切です。

痩せる交感神経と太る副交感神経

前にも述べたように、脂肪を減らしてくれるのは自律神経のうちの交感神経です。交感神経は、脂肪をエネルギー、体温、ホルモンなどに変えてくれる号令係です。

一方、副交感神経は食べたものを消化吸収してタンパク、糖、体脂肪などを合成するように指示します。

ものを食べると最初の一口目から、副交感神経が膵臓からインスリンを分泌するように命じ、食べたものを脂肪として貯蔵しようとします。糖分を脂肪に変換して溜めこむのです。

ＮＨＫの「試してガッテン」（二〇一四年三月十二日）で「アセチルコリン」という神経物質が紹介されました。これこそ副交感神経の正体です。テレビの画像には緑色の蛍光色で光る「アセチルコリン」がくっきりと映っていました

食事をして食べ物が胃の中に入ってくると、副交感神経の神経伝達物質アセチルコリンが胃に分泌され、胃の蠕動《ぜんどう》運動を促します。

副交感神経の機能が低下すると、胃の中のアセチルコリンの量が減り、胃の動きが鈍くなり、食欲も減り、腸からの消化吸収も減ってしまうのです。

３・吐気延長法の嬉しい「福」作用

吐気を長くすれば、副交感神経が優位に

「アセチルコリンって、どうやったら増えるの？」

「試してガッテン」でアセチルコリンが紹介されたのを見ていた夫が興味津々の表情で、聞いてきました。

「息を吐けば増えるのよ」と私が答えると、

「アセチルコリンを増やす薬が出ていたよね。名前は？」

と彼は薬にこだわっています。

「薬もよいけど、腹式で息を長く吐いてみたら?」と薦めました。

しばらくすると、彼は畳の上で吐気延長の練習を始めました。どうやら気に入ったようです。

第2章でお話ししたように、副交感神経は脳の「吐気ニューロン」に、刻々と吐気の号令を出しています。

身体の中に二酸化炭素が溜まってくると、副交感神経は、外気の納入よりも二酸化炭素の搬出を優先しなさいと吐気の命令を出します。息を吐きだすことで胸郭内は陰圧となり、気圧の高い外気がひとりでに流入してきます。

副交感神経は吐気命令を下す司令官ですが、優しくて謙虚な上司でもあります。つねに部下の情報や要求を聞き入れてくれます。

私たちが故意におなかをへこませて吐気を長くすると、おなかからの吐気情報を聞き入れた副交感神経は、できる範囲で吐気を長くして、副交感神経の正体であるアセチルコリンの分泌を増やしてくれます。すると胃腸の動きが活発になり、腸の能力が一気に高まるというわけです。

吐気延長法は、副交感神経を人の意志によって調整できる唯一の手段なのです。

息を長く吐けば、「腸美人」になる

超美人より「腸美人」です！　息を吐けば腸美人になります。

ある過敏性腸症候群の男性（四十六歳）は、高校生のころから下痢に悩まされていました。社会人になるとストレスが多く、ほぼ毎日のように下痢を繰り返していましたが、長期にわたって服薬をしても改善できず、加えて、動悸と不整脈の症状が出てきました。

そこで、吐気延長法を毎日三ヵ月続けると、下痢の頻度が減り、少なかった白血球数が上昇してきました。

彼は次のような感想を寄せてくださいました。

「息を吐くことを、大空をツバメが身軽に飛ぶように練習していると、心身が非常にリラックスするのを覚えます」

「リラックス！」、これこそ副交感神経が優位になった証拠です。

彼だけでなく、ほかにも過敏性腸症候群の改善例がありました。潰瘍性大腸炎の女性は吐気延長法でステロイド剤をやめることに成功しました。

吐気延長法は副交感神経の機能を高めてくれます。副交感神経の機能アップでさまざまな症状も改善できます。「副交感神経は福好感神経」ですね。

私の胃にはタコ型の腫瘍があった

私のあだ名は「痩せネコ」でした。父がつけたあだ名です。

二十代から食べ物をよく噛んで食べているにもかかわらず、食べはじめると胃が痛くなります。食が細くて、下痢しやすく、気力もなく、昼の12時になるとめまいがして、午後4時になると、低血糖で立ちくらみがする日々でした。

身体が弱すぎて扇風機の風さえ耐えられなかった私でしたが、夕方、仕事を終えて帰宅すると、父は決まって口癖のように言いました。

「痩せネコちゃん、早く寝なさい」

私の腸は慢性的に汚れて「根腐れ」していたのです。おならも多発していました。

その後、留学のために来日し、ある日、検診で内視鏡検査を受けました。

胃の中は炎症が起きていました。いくつかタコ型の腫瘍が見つかったのです。「八本足のタコ」のように、腫瘍の触手が四方八方へ伸びていました。

「私の胃は海なの？」と苦笑いしてしまいました。

幸いなことに良性の腫瘍でした。タコを見つけてくれたお医者さんに感謝です。経過観察ということで薬の処方はありませんでした。その後、吐納法を始めてから三年後、病院で胃カメラ検査をしたところ、あのタコが消えてなくなっていました。悩まされていたおならも激減しました。これも感謝でした。

朝晩の吐気延長法で快便に

「お通じがよくなりました」

「三日か一週間も出なかったこともありましたが、毎日出るようになりました」

「毎日出ています。二回、三回も、出しすぎですかね」

教室のみなさんが笑いながらよくする会話です。

私も快便です。昔、腸が根腐れしていたころは、ゆるいか硬いかのどちらかで、硬いときの便はまるで山羊の糞のような粒状でした。

吐気延長法を始めてから、朝食が終わるとすぐに便意を催します。色といい形状といい柔らかさといい、まるでバナナのようです。朝の排便が不十分なら、残りは、午前または午後の吐納法の練習後に排出されます。一日に二回も三回もの快便で毎日がスッキリです。

副交感神経は腸の中でウナギをつかむような感じ

大腸は自律神経の支配を受けています。

交感神経は腸の蠕動《ぜんどう》運動を抑え、副交感神経は腸の蠕動運動を促します。

腸の動きを「ウナギつかみ」にたとえれば、両手でウナギをつかもうとすると、ウナギがツルッと両手から逃げ出します。副交感神経は、大腸の蠕動運動を優しくやんわりと促します。すると、大腸は両手の代わりに腸内の残りものをウナギつかみのようにスルスルと肛門の方向へ逃がしてくれます。

朝、「便意が来たぞ！　でも、電車に間に合わない」とバタバタすると、せっかくの便意も萎《な》えてしまいます。

夜寝る前と朝起きる前に、ふとんの中で吐気延長法を10分間もすれば、朝食後には便意がやってきます。ウナギの逃げ足も速くなります。

就寝前に吐気延長をすれば快眠になる

不眠は痩せすぎの原因になります。

私の教室に来た五十八歳の女性は、泣きながら不眠の悩みを訴えました。

「一睡もできないの。このままではうつ病になるのではないかしら？」

お話をくわしく聞いてみました。

「一年前、生理がなくなりました。すると不眠になり、上半身がほてり、最近になって、動悸、息切れ、咽喉が詰まるなどの症状が現われました。疲れやすく、肩こりや腰痛がひどいので整体に通院していますが、精神科医からデパスとレンドルミンという薬を処方されました。薬を飲んでいるのですが、治らなくてとても不安です。仕事をやめようかと考えていますが、好きなのでやめたくないし……」

看護師をしている彼女の不眠は深刻です。みんなの前で涙をこぼしていました。デパスという薬は精神安定剤です。不安や不眠のときによく処方される薬ですが、依存性もあります。

彼女には、「一気にデパスをやめるのではなく、海の波が押しよせてくるのをかわすような遊び心をもって、デパスから身をかわせば徐々にやめられます。その代わり、まず吐気延長法をしましょう」と励ましました。彼女は吐気延長法を行ないながら薬を徐々にやめ、見事に不眠とうつ病を克服しました。

眠れないとき、吐気延長法はふとんの外で行なう

不眠症の方には吐気延長法をふとんの外で行なうことを薦めます。

人間は腹式で息をすると、身体は自然に体力や熱をつくる体勢に入ります。深刻な不眠を抱えているとき、ふとんの中で吐気や納気を繰り返すと、脂肪を分解して熱をつくるなど、

さまざまな生理的な活動が盛んになって、かえって目が覚めてしまいます。

寝る前に、テレビを観ながらでもいいから、立ったまま手足を動かしながら、楽しく吐気延長法を20～30分も続ければ、深刻な不眠も解消します。ふとんの外で立ったまま行なうと、手足に力が入り、末梢神経にほどよい刺激が加わり、脳の緊張がほぐれていくのです。

夜中に目が覚めて眠れないとき、思い切ってふとんから出て行ないましょう。十五息ぐらいでいいでしょう。立ったままで十五息ほど行なってから、ふとんに入っていけば眠気がやってきます。

彼女は、私の言うとおりに、深夜でもふとんから出て、立ったままで吐気延長法を行ないました。すると、眠れるようになってきて、徐々にデパスに依存しなくても大丈夫という気持ちになっていきました。どうしても眠れない日にはデパスを一かけらかじることもありましたが、週二、三回から週一回に減らし、とうとう全部やめることができました。やがて睡魔に愛されるようになったのです。

吐気を延長すれば、副交感神経が優位になり、自然にリラックスできるので、デパスを徐々に減らすことができます。

夜間の運動はやめよう

「エアロビクスをやった夜には眠れないの」

とその彼女から新たな相談がありました。

吐気延長法をして、薬をやめて眠れるようになった彼女は、以前のエアロビクスを再開したようです。

夜、リズムの激しい運動をすると交感神経が興奮してしまいます。交感神経が優位になると、当然眠れなくなります。睡眠には副交感神経の優位が必須条件です。

「エアロビクスは楽しいけれど、不眠が改善するまでお預けにしましょうね」

と、彼女の夜間運動に「禁止令」を出しました。

彼女はしばらくエアロビクスを休むことにしました。いまでは、デパスもレンドルミンも全部やめられて、仕事を元気に務めています。

吐気を延長すれば、食が進む

「体重が１・５キロ増えて、食も進むようになりました」

そう言って喜んでいる七十代の女性ですが、二カ月前、最初に教室に来たとき、彼女はこんな悩みを打ち明けてくれました。

「最近、やる気がなくて憂うつで不安です。冷え症がひどくて足が冷たい。１５９・５センチの身長に体重は44・９キロしかありません。食が細くて痩せすぎで、もう少し体重が増えたらいいなあと思っています」

人間は憂うつになると表情が乏《とぼ》しくなります。初めて教室に来たときの彼女の表情もそのようでした。

私の教室はお茶と笑いから始まります。彼女はみなさんの「ワッハッハッハッ」という大きな笑い声につられて、笑いながらお茶を飲み、リラックスした雰囲気でみんなと一緒に手足を動かしながら吐納法の練習を楽しむようになりました。

彼女は家でも少しずつ練習するようになりました。

翌週、教室に入ってきたとき、

「調子はどうですか？」と尋ねると、

「大丈夫です。元気になりました」と言うのです。

まあ、表情は少し豊かになったかなあという感じでした。

それから二カ月後、

「1・5キロも体重が増えました。めったに体重が増えないので嬉しいです。食も進むようになりました」と本当に嬉しそうでした。

「まだ序の口ですよ」と私が言うと、

「3キロは増えるでしょうと先生はおっしゃっていましたよね」と返ってきます。

私は彼女に「3キロは増える」と期待を持たせたようです。

「前はいつも胃がむかむかしていました。いまはそういうのがなくなって、ご飯もたくさん食べられるようになりました。あと10キロ太りたいわ」

10キロというご希望に、二人で思わずウフフと笑いました。

彼女には胃下垂という症状があります。胃下垂の方は太りにくい傾向があります。彼女には、これから胃下垂に効果のある吐納法を説明していこうと思っております。

骨粗鬆症が改善された

彼女は体重のほかに一つ大きな問題がありました。それは骨粗鬆症です。それが大きく改善され、骨密度がアップしたのです。吐気延長法のビフォー、アフターの違いに注目してください。

骨折していた彼女の骨密度は、次のように変化しました。

二〇一二年度の骨密度は0・305g／立方センチメートル、同年代の96％（骨密度を高める薬服用開始）。

二〇一三年度の骨密度は0・297g／立方センチメートル、同年代の95％（骨密度を高める薬服用）。

二〇一四年度の骨密度は0・344g／立方センチメートル、同年代の114％（骨密度の薬に吐気延長法を加えた）

吐気延長法を導入してから、体重も骨密度もアップし、ガラリと改善できました。

「嬉しいわ！」

彼女の暗かったトンネルの先に光が見えてきました。

太るにも優先順位がある

身体の修復には優先順位があります。

たとえば、風邪を治すには大よそ一週間かかります。まず免疫細胞を増やし、ウイルスに侵《おか》された悪い細胞を捨てるごみ箱を用意することなど、休憩も入れて順々に行なうものです。体重の増加にも、一気に3キロ、5キロ、10キロ増える方もいれば、ちょっと増えては停滞する方もいます。彼女のように、骨粗鬆症が改善してきた時期には顕著な体重の増加はみられませんでした。

身体のどこかのボロの修復を優先にして、体重のことを後に回すこともあります。焦らずに、吐気をゆっくり楽しめばいいでしょう。

吐気を長くすれば、確実に体重が増える

「体重は39キロしかないの。40キロに太ればと思いまして……」と言って、ある六十代の女性が教室に入ってきました。たったの1キロ？「39キロと40キロとでは差が大きいんです。ただの1キロですが、30キロ台に落ちると、体力も気力もがくんと落ちてきます。でも、この1キロが太れないんです」

彼女は教室だけでなく、自宅でも吐気延長法を練習しました。

三週間経ち、吐気延長法に慣れてきた彼女に、「方法2」の「強吐気」を追加しました（146ページ）。

6秒ほど細く長く吐気した上で、さらに強く数秒息を吐くのです。それぞれの秒数については、納気より吐気を長く強くすることを条件に、彼女がやりやすいように任せています。

追加メニューを練習してから三週間、彼女は念願の1キロを手に入れました。さらに三カ月の練習で2キロ体重が増えました。彼女は主治医にその経過を報告すると、主治医は「呼吸法はいいですね」と喜んでくれました。

教室には、いまご紹介した方法以外にも、不眠、胃炎、慢性膵炎、過敏性腸炎、癌などが原因で痩せすぎの方が通っています。これらの方々も吐気延長法で、それぞれ300グラム～10キロ体重を増やすことができました。

「癌痩せ」でも体重が増えた

「最近、急に体重が落ちたということはありませんか？」

と問診で聞かれることがよくあるようです。病気になると急激に体重が落ちるからです。でも、教室に通うみなさんは吐気延長法を続けていくうちに、失った体重を戻してくることが多いのです。

①2キロ体重が増えた（乳癌　女性五十代）

「抗癌剤治療をしているとき、点滴が終わって家に帰ると、なぜか焼肉が食べたくなるんです。食欲が落ちません。白血球数も落ちません。ほかの患者はマスクをして、白血球数が1000以下に下がったりしているのに、自分だけが元気です」

彼女は抗癌剤の終了後には2キロも太り、「元気よ！」と連発していました。五年経過した今、彼女はもう癌を忘れています。

②3キロも体重が増えた（卵巣癌　女性四十代）

抗癌剤治療を受けるころに私の教室に入ったこの女性は、憂うつ気味で泣くこともありました。吐気延長法をしっかり続けた彼女は、

「点滴が終わると、身体がつらくて生きた気がしなかったのですが、吐気延長法をすると元気になりますね」

と言います。気がついたら3キロ太っていました。

③300グラム増えた（悪性リンパ癌　男性六十代）

彼は強い抗癌剤治療を受けていました。

「同じ病気の人の話をうかがうと、抗癌剤治療を受けると、免疫力低下、脱毛、吐き気、しびれ、むくみ、体重減少など、さまざまな副作用が伴うようです。しかし吐納法をやっているせいか、私の場合、副作用は軽いと思います。治療中は風邪もひかずに体調を維持できました。四年経過しましたが、癌という病気は油断できません。吐納法は生活の中にすっかり溶け込んでいます。吐納法をしたあと、顔色がいいねとよく言われます」

と語りました。

彼は治療後、体重が３００グラム増えました。

「ただの３００グラム？」と思うかもしれませんが、体重の増加は体調が上向きである証拠です。ちなみに、今ではさらに50グラムが増えました。

「体重のマイナスとプラスとは違いますね」

意味深い言葉でした。体重の増加はこの方にとって「生」への知らせなのです。

吐納法は不思議なことに、痩せすぎの方には体重増加へ、太りすぎた方には体重減少へ、双方向的に調節してくれます。呼吸中枢の中には体重を測る「天秤《てんびん》」があるのでしょうか？

なぜ「吐気延長法」なのか

太っている方の息を観察すればわかります。

「ハ〜、ハ〜、ハ〜、ハ〜」と息を吐いてばかりいませんか？

息を吐くのも太る方法の一つです。

私たちの吐気は、肺迷走神経（副交感神経）によって自律的に支配されていますが、おなかをへこませて吐気を故意に延長させると、吐気信号は脳に伝わって副交感神経がさらに活性化されます。

腹式の吐気延長法は、副交感神経をコントロールする唯一の手段です。副交感神経系が活性化されると、一連の栄養吸収と体脂肪の合成が盛んとなり、体重は自然と増えてきます。逆に、痩せたいときの納気延長法のように、納気を延長させると、脂肪分解を促す交感神経系が活性化され、痩せることができます。

身体の中では、体脂肪の合成と分解は真逆になっています。吐気と納気との生理作用も真逆です。太るためには、吐気を延長させましょう。

太りたいときの食事

「これを食べたら、おなかをこわすのではないか？」と思って、食べるべきものを食べていない人が多いようです。

魚、野菜、肉、卵、発酵食品などをしっかりと食べましょう。とくに、赤身の肉を毎日食べましょう。往々にして、痩せている方はあまりお肉を食べていないようです。

「お肉は食べていますか？」

「いや、食べていません。大豆や魚じゃだめでしょうかね？」

「大豆と魚などのタンパク質では代用できません」

「でも、昔の人はお肉を食べていませんよね」

「だから、昔の人は身長が低く、寿命も短かったんですよ」

お肉を食べることを薦めると、舌戦になることが多々あります。

食道から大腸までは一本の管となってつながっています。この長い管に伸縮性をもたらすにはコラーゲンが必要です。コラーゲンが足りないと管がボロボロになり、伸縮性を失います。喉が詰まり、胃腸の運動が弱くなります。また、下痢と便秘を繰り返します。

ある女性が相談してきました。

「便秘なんですが、どうしたらいいでしょうか？」

「赤身の肉を食べていますか？」

「いいえ、食べていません」

全身に張りめぐらされた血管に柔軟性をもたらしてくれるのはコラーゲンです。コラーゲンが足りなくなると、血管が硬くなります。

赤身の肉を食べない人は、心筋梗塞と脳梗塞のリスクが高くなります。

赤身の肉には「カルニチン」という物質が含まれています。赤身の肉を食べない妊婦さんは、赤ちゃんが生まれてくると、母乳の中にカルニチンが欠乏します。カルニチン不足の母乳を飲む赤ちゃんは、身長が低く、心臓病、腎臓病になるリスクが高くなるのです。

また、骨を支えるコラーゲンが足りなくなると骨折しやすくなります。

「家内が痩せすぎて、ちょっとしたことで骨折してしまいます。そのたびに病院に連れていくのですよ」と悩む男性がいました。

「赤身の肉を食べていますか？」と尋ねると、

「いいえ、ほとんど食べていませんね」

血液細胞をつくるにも動物性のタンパク質が必要です。

「貧血になったときにはレバーを食べなさい」と看護師さんに言われていませんか？

以前、ある若い娘さんが白血病の治療を終えて、健康回復のために教室に通ってきていました。初回のときには、そよ風にも飛ばされそうな様子でした。

「お肉を食べていますか？」

「いいえ、家族全員お肉が嫌いなので、子どものときから食べていません」

「お肉を食べないと、血液細胞がうまく形成できないのよ」

私の説明を聞いてから、彼女はお肉を食べるようになりました。

三カ月後には気力と体力がついてきて、両足でしっかりと大地に立っているのが、はたから見てもわかるようになりました。

美容にも赤身の肉を

美容にも赤身の肉は欠かせません。

強皮症にかかっている女性が来られました。強皮症は、言葉どおり、皮膚が硬くなる病気です。皮膚の生成にはコラーゲンが最も必要なのに、この方は徹底した菜食主義者でした。

「少しはお肉を食べましょうね」

と薦めても、断固として食べませんでした。

結局、お医者さんから「これ以上症状が悪くなると、ステロイド剤を処方しますよ」と言われてしまいました。

「だまされたと思って、赤身の肉を食べてごらんなさい。赤身の肉を食べないと、顔のシワがますます深くなりますよ」と、仕方なく強く言いました。

彼女はお薬が怖いので、赤身の肉を食べはじめました。すると、高かった中性脂肪の数値が下がり、強皮症の数値も下がりはじめたのです。早くお肉を食べればよかったのです。

癌になったときこそ、赤身の肉を食べよう

教室に通いはじめた癌患者さんに対する私の第一声です。

「赤身の肉を食べていますか?」

「ええ?　お肉?」

みなさん、びっくりします。

癌が進むと貧血になります。貧血になると、酸素を運ぶヘモクロビンが減り、ますます癌と闘えない身体になります。

ある男性は癌を患って、奥さんと一緒にやってきました。奥さんはご主人のことを誰より

も心配しています。

「お肉を食べたら症状がもっと悪化するのでは」と思い込んで、肉料理をつくりませんでした。ご主人はすでに貧血になっているのに、肉料理は食卓に上がりません。

彼は「お肉は大好きなんですが……」と話していました。

結局、貧血がひどくなって、教室に通うこともままならなくなりました。

ある日、教室が終わって、帰りかけた彼が急に教室に戻ってきて言いました。

「先生、大好き、すき焼き、大好き！」

これが彼と交わした最後の言葉です。

闘病しているとき、大好きな肉料理を食べて心がときめいていたらよかったのにと、今でも思います。

癌患者さんは赤身の肉を食べている

「昨日は牛すね肉のポトフを食べました」

「いまステーキを食べてきました」

「私は鶏肉よ」

「もう一枚欲しかったわ」

お肉の話になると、みなさんはふざけて「モオ〜、モオ〜」「メエ〜、メエ〜」と動物の鳴き声をしながら笑います。

私の教室に通っている癌患者のみなさんは肉の重要性を知っているので、進んで食べています。西洋人のようにお肉を食べすぎてはいけませんが、厚生労働省が提唱する一日60グラムの肉食は大切です。

ある前立腺癌の男性ですが、奥さんは「癌になったらお肉を食べないほうがいいのではないか」と思って、肉料理をつくりませんでした。

私の講演会で、肉に関する話を聞いた後、奥さんはご主人に、

「赤身の肉は食べてもいいらしいよ」と伝えました。

するとご主人は「吐気だの納気だのはどうでもよかったのですが、お肉を食べていいとおっしゃるのが気に入りました」と言って、それから教室に足を運ぶようになりました。

その後、抗癌剤治療に入り、肉を食べ、吐気延長法の練習もしながら、点滴を続けていました。

「食欲がない日はないね。吐き気もありません。白血球はいったん下がって、また上がってきました。抜け毛もしません。もともと髪の毛が少なかったからね」と笑っていました。

「ときどき薬を飲み忘れます」というくらいですから、副作用はあまり出ていないようです。

普通なら、抗癌剤治療を受けると、白血球も赤血球も、数値が下がる副作用が出てきますが、彼の場合、一回下がっても、早いうちに上がってきています。

「僕は肉が大好きです。おいしいもんね」

そう言って、前向きに癌治療をしています。

４・教室のみなさんの改善例

「実例①」過敏性大腸炎と狭心症が改善、６キロ増加（七十代女性Ｋさん）

Ｋさんの症状は十年続いた過敏性腸炎。薬や点滴を繰り返したが治らない。一年前からの異型狭心症もある。当時の身長は１５５センチ、体重は43キロでした。

私は次のような理由で吐気延長法をすすめました。

過敏性腸炎は腸に表れていますが、大もとをたどると、自律神経の乱れが大きく関係しています。異型狭心症の動悸、息切れも自律神経に原因があるようです。

くり返しますが、交感神経は胃腸の動きを抑え、心臓の鼓動を早めます。これに対して、副交感神経は胃腸の動きを促し、心臓の鼓動を落ち着かせます。

つまり、Ｋさんは常に交感神経が高ぶっている状態にあるため、胃腸と心臓にその症状が出ていると考えられます。これを改善するには、副交感神経を活性化させる必要があります。それには、吐気延長法が最適です。

「おなかをへこませて肛門を締めて息を細く長く吐きましょう。吐き終わったら、おなかをゆるれめば、自然に納気します」と説明しました。

下痢しなくなった

吐気延長法を行なう前のＫさんは、

「とくに思い当ることもないのに、すぐ下痢となり、その都度、点滴だ、病院だと大騒ぎになりました。また急な動悸（脈拍１分間に１３０くらい）と血圧の上昇（１８９／９８）などで、ビクビクして精神的にも不安と恐怖で落ち込んでいました」と訴えていました。

彼女は、とても熱心に吐気延長法に取り組みました。毎朝、ふとんの中で30分、寝る前も30分、そして身体の変化をていねいに記録するほどでした。

三月、下痢一回。すぐおさまり、動悸なし。

四月、下痢〇回。仕事のイベント中も無事、信じられない思いだった。

五月、下痢二回。

六月、下痢○回。

下痢の回数が確実に減っていったことがよくわかります。彼女は体調の変化について嬉しそうに話してくれました。

「吐納法を始めると身体が温かくなります。腹痛がきても、息を吐くこととおなかをマッサージすることによって、下痢にはつながらないようになります。急に動悸が出はじめても、息を吐くことによって、10分後には落ち着きます」

その後、下痢と便秘が繰り返す症状もかなり改善されました。食事の品目も増えたといいます。

「以前は、肉も乳製品もお刺身も食べませんでした。食べる量そのものが少なく、お子さまランチより少なかったと思います。いまでは、朝からチーズ、ヨーグルト、果物を山盛り食べています。お肉やお刺身もおいしく食べています」

彼女は下痢と離別できました。

異型狭心症も改善

彼女の狭心症は「異型狭心症（血管性狭心症）」といって、心臓の血管が攣縮《れんしゅく》して、冠動脈の血流が低下するために起こるタイプのものでした。

ある日の朝8時ごろ、Kさんから電話がかかってきました。

「先生、いま、身体の震えがとまりません。脈は100以上、血圧も150以上。どうしましょう？　このままでは、今日の教室にも行けません」

「いいですか。まず、力を抜いてゆっくりと息を吐いてください。息を細く長く吐いたら、そのうちおさまりますから、大丈夫ですよ」と答えました。

Kさんのことを心配しながら、いつものように教室の準備に入りました。すると、教室が始まる30分ほど前、ふいにドアが開いて彼女が入ってきました。これには驚きました。彼女の顔は喜びにあふれています。

「先生、もう大丈夫！　おさまりました。吐納法ってすごいです。昔なら救急に駆けこんでいました。ただゆっくりと息を吐くだけで、ほら、元気になりました」

そう言って本当に嬉しそうに笑っていました。

この経験が彼女の不安を一掃したようです。以来、動悸が始まっても、落ち着いてゆっくりと息を吐けば、症状がおさまるという自信がついたのです。

一年経ったころでしょうか、彼女は医者に相談しました。

「下痢も動悸も起きなくなりましたので、お薬をやめてもよろしいでしょうか？」

「じゃ、心臓の負荷テストをやってみましょう」

心臓の負荷テストをやってみましたが、異常は認められなかったため、薬をやめることになりました。その後、彼女は認知症のご主人の介護に入り、つらいときには動悸が起きたこともありましたが、ゆっくりと息を吐くことでおさまりました。

教室に通ってからもう十数年、彼女はいま薬を一つも飲んでいません。コレステロールや高血圧の薬も飲んでいません。

「同年代の友達と食事に行ったら、みなさんは食後、デザートのようにお薬をたくさん飲みます。私は一つも飲んでいません。吐納法はやめられませんね」と自慢しています。

そして43キロしかなかった体重も、いつの間にか理想的な49キロに増えました。

七十九歳になった彼女の最近の口癖は、

「吐納法を20分やれば大丈夫！」

「実例②」大源病による激痩せから10キロ増（五十代女性Ｌさん）

「私は胃炎で点滴に通っています。治るでしょうか？」

五十代の女性から電話がありました。

「胃炎なら改善できると思いますよ」と答えました。

Ｌさんはご主人が運転する車で教室にやってきましたが、非常に痩せていて、生気を失っている状態でした。

胃炎になるには原因がありました。

一年半前にご主人が定年退職し、一日中家にいるようになり、その生活にうまく対応できなくなったのです。いわゆる「夫源病」（主人在宅ストレス症候群）です。やがて胃炎になり、食事をとる気力も失われていきました。病院で処方された胃の薬を飲みましたが、改善されませんでした。漢方薬の「柴胡桂枝湯合人参湯《さいこけいしとうごうにんじんとう》」も併用して飲みましたが、改善できず、ついに動けなくなるほどで、月に七回点滴のために通院していました。１６２センチの身長にたった35キロの体重でした。

彼女にも吐気延長法を薦めました。おなかをへこませて肛門を締めて息を吐きます。吐き終わると、おなかと肛門をゆるめるだけです。

深呼吸のように、深く息を吸ってはいけません。吸うと、胃腸がますます働かなくなります。胃腸の働きをよくするには、副交感神経を活性化させる必要があります。吐気を長くすれば、副交感神経が優位になって、胃腸の蠕動運動を促し、胃腸を元気にしてくれます。

週に一度、教室で行なうだけでなく、毎朝、自宅から歩いて5分の公園へ行って吐気延長法を繰り返したそうです。

二回目の教室のときには嬉しそうにこんなふうに話してくれました。

「最初は胸が苦しくて、空気が入っていかない感じでした。でも、吐気延長呼吸法を繰り返し行なって帰るころには、心身が楽になり、腸が活発に動きはじめているのが実感できました」

それでも、一ヵ月目は点滴に月八回行っていました。それが二ヵ月目は四回になり、三ヵ月目は点滴に行かずに済むようになりました。体重に変化はなかったものの、食べる量が明らかに増えていました。

半年後、体重は5キロ増えました。ある日、教室に入ってくるなり、彼女は喜びを隠せない様子で教室の仲間に大声で言いました。

「今日は自転車で来たの！」

いままで痩せすぎで歩くのも大変だったといいます。それが自転車のペダルを踏んでこられたのですから、どんなに嬉しかったことでしょう。

「体重も増えて本当に嬉しい」

その後、体重はさらに5キロ増えて、いまは45キロになりました。まだ標準体重よりだいぶ少な目ですが、すっかり元気を取り戻しています。長年続けていたママさんバレーにも復帰しました。

この女性のように「夫源病」で体調を崩している主婦の方はたくさんいます。毎日夫の機嫌をとるために交感神経が過剰に興奮し、副交感神経が疲れ果てて、自律神経のバランスが崩れてしまうのです。その結果、神経性胃炎や不眠症、うつ病など、さまざまな症状が引き起こされてきます。

心当たりのある方は、ぜひ吐気延長法を行なって、吐気とともに、夫への不満を思いきり吐きだしてしまいましょう。

「実例③」癌で痩せたが、4キロ増えた（四十代女性Mさん）

「じつは半信半疑でした」

Mさんは、九年前に乳癌で左の乳房を手術しましたが、術後に再発。右の乳房、肝臓、複数のリンパ節への転移も見つかり、抗癌剤治療の最中でした。

身長152センチで体重は42キロ。抗癌剤の副作用で微熱や咳、食欲不振、体力の低下などに悩んでいて、立つのもやっとという状態でした。それを心配した親友が、Mさんを連れて教室へやってきたのです。

初めて来たときは、体力・気力がともに減退していたので、息をするだけでも大変な状況でした。息を吐く長さを短くしながら、微調整していました。

じつはMさんと親友は、以前、私の教室の前を通るたびに、「ミトコンドリア細胞呼吸学園」という看板が気になっていたそうです。

「一度様子を見に行って、だめだったらやめればいいよ」

そんな会話をしながら、恐る恐る教室のドアを開けたといいます。

教室では、その日もいつものように吐納法を始める前に、生徒さんたちとハーブティーを飲みながら、免疫を高める笑い話をしたりでワハハハと盛り上がっていました。その様子を見て二人は安心したようでした。

吐気延長呼吸法を一日一時間半も練習

Ｍさんには、吐気延長法を薦めました。

自宅でも朝30分、昼30分、夜30分行なうようになり、少しずつ元気になりました。しばらく経つと、夜もぐっすり眠れるようになって、

「地震がきても知らずに寝ているくらいです」

と笑いながら話してくれました。

最初の一回目のコースが終了した三カ月後には、体重が４キロ増えていました。

「闘えるような気がします」

とＭさんはおっしゃいました。そして半年経ったころには、

「癌が恐くなくなりました」

と明るく言いました。吐納法を続けるうちに、気持ちが落ち着いて、自信がついてきたの

でしょう。

ご主人も、「吐納法に出会えて本当によかった」と認めてくださったそうです。

息の吐きすぎに注意

ただMさんの体調が一時少し不安定になったときがありました。

「最近、息を吐くと、頭がクラッとして気分が悪くなるのです」

彼女は吐く息（吐気）が長すぎて、息が続く限界まで吐きつづけていました。悪いものを全部吐き出せばいいと思って必死で吐いていたようです。確かに息を吐くことは大事です。でも、酸素を受け容れることもおろそかにしてはいけませんね。癌と闘う力をつけるには、酸素が欠かせないからです。

その後、吐く時間を少し減らし、納気の時間を少し増やしたところ、ふたたび元気になりました。Mさんの癌は消えていませんが、明るく前向きに生きています。

以下はMさんの感想です。

「癌が再発して、そろそろ十年になります。ワラにもすがるどころか、すがるワラさえない状態でした。曽紅先生は、なぜ吐納法をすると身体にいいのか、科学的に説明してくださいます。身体で効果を実感しながら、頭でもしっかり理解できます。吐気延長法は、教室だけでなく、朝と夜、自宅で毎日行なっています。

主治医の先生から診察のたびに『薬の副作用はありませんか？』と聞かれます。どうやら副作用の出やすい薬のようですが、吐気延長法のおかげか、ひどく感じないで過ごせています。食欲も出てきて、吐納法を始めてから体重が４キロ増えました。心身が疲れていても呼吸法をやれば大丈夫と考えられるようになったので、生きる希望が出てきました。精神的にとても安心できるのです。もちろん結果も出るので、『やっぱり大丈夫なんだ』と安心できるわけです」

「実例④」抗癌剤を受けながら2キロ増えた（五十代女性Nさん）

とても可愛くて美人さんのNさんの身長は１５０センチ、体重46キロでした。乳癌の手術後、最初の抗癌剤治療に入る時期に、吐気延長法を始めました。彼女は自宅でも毎朝晩二回、毎回30分続けました。

その結果、抗癌剤の副作用が軽減され、食欲は落ちることもなく、体重が増え、白血球数も増えました。

十回1クールの抗癌剤治療でしたが、抗癌剤の点滴を受けて教室に戻ってくると、次のようにニコニコ笑いながら話してくださいました。

「吐気延長法をしたら、不思議なぐらい食欲があります。点滴を終えた帰りに、焼肉が食べたくなります。抜け毛もそんなに気になりませんでした。同じ時期に抗癌剤を受けている方はみな吐き気がして食欲がありませんでした。白血球も落ちてマスクをしています。でも私はとても元気です」

抗癌剤治療を受けた後、彼女の白血球数があまり下がらなかったため、主治医は予定していた二週間に一回の抗癌剤治療を週一回に早めることにしました。十回目のときの白血球数（WBC）は、一回目の2・2から2・9に上昇しました。

Nさんの体重は抗癌剤治療前より2キロも増えました。乳癌は再発していません。彼女は癌のことを忘れ、仕事にも復帰し、楽しい毎日を過ごしています。いつもの口癖は、「元気です、とても元気です」

「実例⑤」慢性膵炎と内臓下垂でも5キロ増えた（五十代女性Oさん）

「慢性膵炎で腹部がときどき痛みます」

と訴えるOさんは七年前に教室に来られました。内臓下垂ということもあって、身長157センチに対して、当時の体重は42キロしかありませんでした。

冷え性や不眠、のぼせ、脱肛（肛門や直腸の下のほうの粘膜が肛門の外に飛び出す）などの症状も抱えていて、血圧の上昇により頭痛が起こることもしばしばで、頻尿もひどく、夜間に

内臓下垂の場合の吐気延長法呼吸

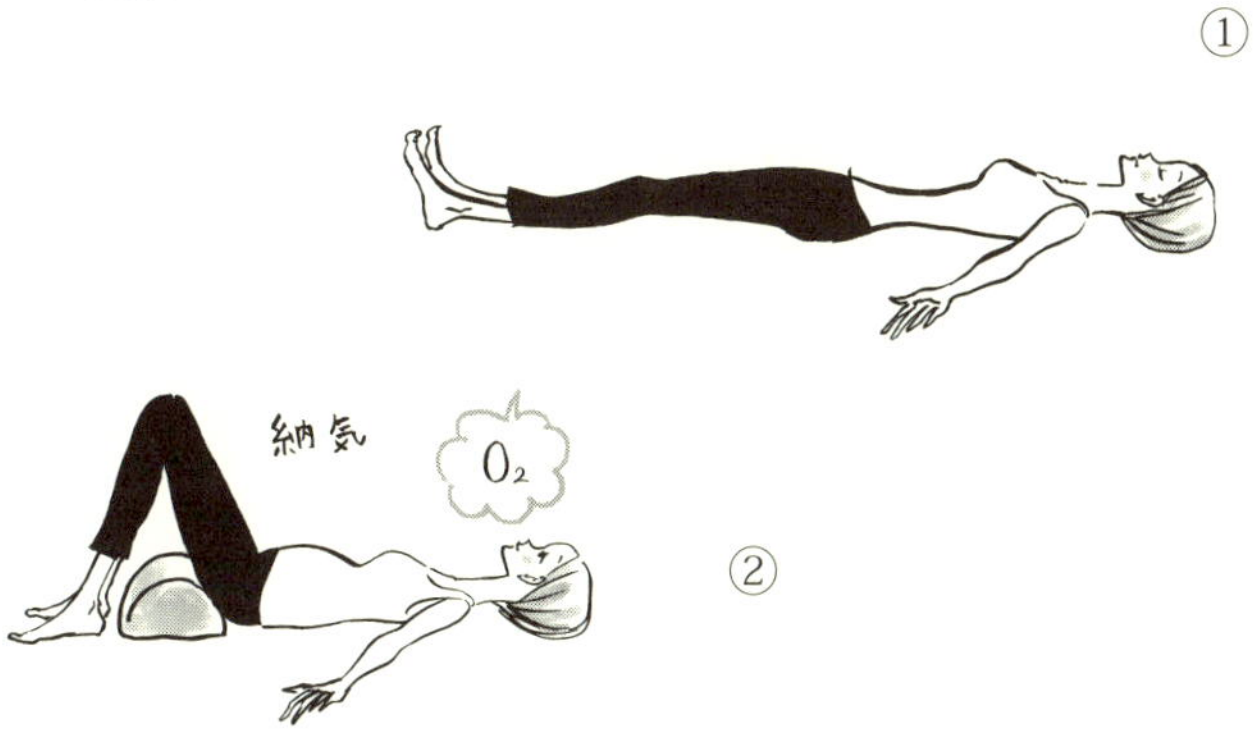

五～七回もトイレに通っていました。

Oさんには内臓下垂に対して次のような方法も指導しました。

内臓下垂の場合の吐気延長法

①まず横になる。

②枕をお尻の下に敷いて、膝を曲げる。

③その姿勢で、通常の吐気延長呼吸法を行なう。

この姿勢で吐気延長法を行なうと、腹筋が強化されて、下垂している内臓が上のほうへ戻されます。吐気延長法は脂肪の合成も促しますので、内臓を支えるクッションとして機能する脂肪が増え、内臓下垂の症状は軽減されます。

三カ月後、Oさんは体調がとてもよくなったようです。

「続けていたら、いつも身体がポカポカと温かくなり、冷えを感じなくなりました。頻尿が改善されて、夜ぐっすり熟睡できるようになったことも本当に助かっています。体重も少しずつ増えて、47キロになりました。血圧も安定しました」

慢性膵炎については、

「痛みが起こらなくなったので、最近はもう検査にも行っていません」

とのこと。ずいぶんと安心しているようです。

膵臓は副交感神経の支配を受けています。ですから、副交感神経系の機能を高める吐気延長法を行なったことで、膵臓の本来の力が呼び覚まされたのでしょう。

《第5章》

吐納法にたどり着くまで

1・これまでの歩み

私は中国廣州市生まれの「客家人《はっかじん》」です。

もともとの土地に住む人から見たら、新来の人や異種の人は、客家《はっか》です。そういう人は「客家人」と呼ばれました。客家人はもともと黄河流域で暮らした漢王朝の人たちで、戦乱を逃れるために中国南方に移り住むようになったといわれています。中国史に名を残した客家人が多く、孫文や鄧小平も客家人です。

私たちは幼いときから中国共産党の教育を受け、毛沢東主席への個人崇拝に洗脳されました。心が純粋すぎたせいでしょうか、古くからある民間習俗やその療法を受け入れませんでした。占いなんて迷信、風俗習慣なんて低俗なものと見下していました。呼吸法もそうです。スーハースーハー呼吸するだけで病気なんて治せるものか。嘘っぱちだと軽蔑していました。でも太極拳だけはなぜか受け入れていました。

中学一年生になると、中国では当時の毛沢東主席の妻をはじめとする「4人組」が指導権争いのために「文化大革命」を起こしました。労働者農民出身の者はみな「紅衛兵」という腕章を腕に巻き、学校で先生たちを、工場で工場長を、各市町村で役人たちを黒い分子として打倒しました。

ある日「廣州日報」編集部主任をしていた父が家に帰ってくると、玄関先で「これを洗ってくれ」と長女の私に渡したものがありました。それは「反革命」「打倒」などの文字が墨でめちゃくちゃに書かれた父の白いシャツでした。掃除洗濯をした経験のない私は、目の前の異変を理解しようと、黙々と黒くなったシャツを洗いました。

これが人生最初の洗濯でした。父はあれから何年も監禁され、大学勤務の母は農場に流され、黒い分子の子どもの私も十五歳から五年間、農場へ行くことになりました。それからの私は政治嫌いになりました。

やがて、文化大革命がおさまり、日中友好ブーム到来。私は廣州外国語学校、廣州外国学院を卒業し、廣州市余業大学で日本語を教える助教となりました。しかし、学生さんからの質問に困り果てました。

「『見つかる』と『見つける』、どう違うの？」という質問です。

答えられません。

「日本へ留学しなくちゃ」と思い立って、猪猛突進。一九八五年三月、成田空港に降りました。

当時、中国の大学は国営体制のため学費が無料でしたが、私の留学する東海大学の修士課程の年間学費が１００万円です。その雲泥の差に驚きました。いくらアルバイトをしても生活費と学費が足りません。これには泣きました。そんなある日、同級生の一人のお兄さんが平塚市のロータリークラブの会員で、その方が難儀をしている私のためにみなさんに声をかけてくださいました。すると大変です、会長をはじめ、歯科病院の先生ご夫妻、会員のみなさんが修士課程の学費200万円を全額払ってくれたのです。またあるご夫妻が中国語を学ぶ月謝の代わりにと、実質上の生活費を支援して下さるのです。スポーツジムとレストランへ連れていってもらったり、親以上に私を支えてくださいました。

学習院大学の博士後期課程一年目の学費は、バイト先で知り合ったお爺さんが私の持っていた掛け軸を学費の値段で買ってくださいました。あの数々のご親切を思い出すと涙が出てきます。

博士後期課程は学習院大学で、運よく日本一の国学者大野晋教授の門下生になり、先生についてしっかりと日本語の類義語を学ぶつもりでいましたが、いつの間にか、先生の日本語の起源を探る熱い心に動かされ、比較民俗学に方向転換。気がつくと、日本のように鳥居を立てる中国・雲南省のハニ族の民俗を調べることに熱中していました。

ハニ族の文化は日本との類似点が多い

世界遺産に登録されたハニ族の段々畑は、雲の上に広がって天につながるように壮観なものです。木彫りの鳥居が村の入り口にそびえ立ち、鳥居の上には木彫りの鳥、月、太陽が飾られています。日本の神社の屋根に交差して伸びている千木《ちぎ》のようなものもハニ族の家屋に見かけました。千木を立てられる家屋は夫婦そろって健在の家に限ります。四季折々の祭りや儀式も日本のそれと似ています。

春、年初めは「独楽回し《こま》」で迎えます。独楽回しとは、旧年を回し送り、新年を回し迎えるという意味のようです。目籠《めかご》をかけて鬼を追い払い、お餅をついて神々のご来訪を誘います。稲魂《いなたま》に供物を備え、稲魂を水田に案内する「苗開き」の儀式で、娘たちは東に向かって歌います。苗開きが終えた後、若衆と娘たちは、稲魂の結婚を象徴するような「歌垣合戦」で愛の歌を交わしながら山の奥へと愛を深めに行きます。

夏、初穂が出る時期、稲のお産の時期、稲のお母さんの出産を助けるために火を燃やす「松明《たいまつ》まつり」を盛大に行ないます。人々は水田の周りを松明の炎で明るく照らし、出産を温かく促します。

秋、初穂祭。家々では、夜明け前に火を灯して稲魂を水田から家に連れ帰り、家の神棚に初穂をかけます。さらに前年収穫した古米と今年の新米と一緒に炊く「混ぜご飯」を食べます。これが新旧稲魂の世代交代を意味する神儀《しんぎ》です。

冬、神々のお帰りの時期です。神々が山へお帰りになる足音を象徴するかのように、竹筒で大地を打ち突きながら、神々に感謝の歌を歌います。日本にも、春に降りてこられた田の神様が、旧暦十月の最初の亥《い》の日に山へ帰られるといって、子どもたちが地区の家の前で縄につないだ石を上下させて地面を搗《つ》く「亥《い》の子石《こいし》」という「亥の子」の行事があり、おもに西日本で見られます。これは東日本で旧暦十月十日に行なわれる「十日夜《とうかんや》」との類似が言われています。

1500メートルの山岳に住むハニ族の村には、山姥《やまんば》の昔話も語り継がれています。山姥は山を下りるのが苦手だそうです。長い乳房が滑り落ちて、木々の枝に引っかかってしまうからといわれています。昔の日本のような若衆宿と娘宿があります。月の光で銀色に染められた夜霧がウエディングドレスのようにそよ風と共に優しく山々を包みこみ、そんな中にいる若衆と娘たちが愛を明かす草笛を吹き、その音色が静かな夜空を突き抜けていきます。

日本人男性と結婚

四十歳、お世話になったロータリークラブの方の紹介で知り合った日本人男性と意気投合して結婚しました。私は料理が好きなので、和洋中、毎日宴会コースのような料理が食卓に並びました。ですから太るまでにそう時間はかかりませんでした。49キロの体重が月1キロのペースで68キロになっていたのです。

「なんとか痩せた〜い！」。そう思って、またも猪突猛進。

さっそく当時流行っていた「リンゴダイエット」法に励みました。朝、昼、晩、りんごばかり食べていました。多少は痩せたものの、全身の痛みと生理不順が襲ってきました。無理な食事制限で身体を壊してしまったのです。病院に行くと、「リウマチのようでリウマチでない膠原病ですね。残念ながらいまは治す薬はありません。うつ病の薬を飲んで改善した方がいますので、うつ病の薬を飲んでみませんか？」と薦められました。ところが、うつ病の薬を服用すると、今度は一睡もできなくなりました。

夜は何度もトイレに行っては床に就き、目が異常に光っていました。朝になると、目まいがして立てなくなり、夜も昼も眠れない、正真正銘のうつ病患者になっていました。うつ病の薬はやめましたが、不眠症から抜けられなくなりました。これがつらかった。

夫は思い切って私を夏の軽井沢へ一週間連れ出しました。おいしい空気を吸い、愛犬と林の中をはしゃぎまわりましたが、夜は宿の天井を眺めてばかりでした。そんなある日、車の中で身体を丸くして愛犬と一緒に休んでいると、愛犬の体温でポカポカといい気持ちになって、すう〜と眠れたのです。これを機に、睡眠が戻って、うつ状態から解放されました。

しかしこの改善もつかの間、生理不順を治療しているうちに大出血。続いて甲状腺結節症にもなりました。無理なダイエットの代償は大きいものでした。

中医薬大学の呼吸法に出会う

こうした苦しいどん底の闇の中で、私は故郷中国の呼吸法に出会ったのです。

私は、学習院大学人文科学日本文学の博士課程を修了した後、請われるまま学習院で中国語を教えていましたが、学習院の生涯学習センターにも頼まれて、成人向けに中国語を教えることになりました。ある日、私の不健康そうな顔を見たある受講生が、「私は呼吸法の講師です。先生の病気を治してあげましょう」と言いだすのです。

「ええっ、呼吸法？」

子どものときから呼吸法なんてと馬鹿にしていた私は、「スーハー、スーハー」で病気が治るものか、そんなものは迷信にすぎないと信用しませんでした。しかし、彼は「授業の最後に10分ください」と熱心です。彼は上海中医薬大学で医学の呼吸法を学んだ真面目な方であること、それに中国文化を一人でも多くの生徒さんに紹介できればいいと思って、六回ほど10分間だけの呼吸法を教えていただきました。

練習した翌日から、「あれ？　疲れ方が違う」

身体が少し軽く、爽やかに感じはじめました。

「希望の始まりだ！」と思った私はまたもや猪突猛進。さっそく、中国の実家に戻って、当時、中山医科大学に勤務していた父母に頼み、大学の人事科を通して、廣州中医薬大学にあった呼吸法研究室の主任であった肖鑫《しょうきん》和《わ》教授を紹介してもらいました。

「医学気功学」「中医学気功」を学ぶ

肖鑫和教授は、廣州中医薬大学の医学大学生に教えるためのテキスト『医学気功学』を私に渡し、医学気功の基礎理論と実技、さらにご自身の長年の治療経験も含めて、いろいろ教えてくれました。無我夢中で楽しく勉強しているうちに、

「あれ？　全身の痛みが消えた。改善したんだ！」と実感したときには、あんなに馬鹿にしていた呼吸法の虜《とりこ》となり、やがて「一生の宝物」になっていました。

肖鑫和教授について一年間、『医学気功学』の全課程、中医気功学基礎、気功功法学、気功治療学、気功古籍など、しっかりした医学的な研究理論と療法を教えていただきました。終了後、肖教授は、広東省中医学会医学気功学研究会の卒業証書を私に手渡しました。そこに理論科は「良」、実技科は「優」とありました。

肖教授は心優しく、「この宝物の医学気功を日本友邦の人々に伝えてください」と私に気持ちを託し、日本で教室を開設できるように授業内容まで考えてくれました。また、私を一番弟子として、襲名の儀式までなさってくださいました。肖鑫和教授の「和」という一文字

を私の名前「曽紅」の中に入れて、「曽和紅」と命名してくださったのです。

当時の中医学気功学には、むろんミトコンドリアの研究はありませんでしたが、廣州中医薬大学で、中医薬大学生向けのテキスト『分子細胞生物学』を手にして勉強することができました。

その後、私はさらに北京中医薬大学の宗天彬《そうてんびん》（前）教授について、『中医気功学』を学び、北京体育大学の張廣徳《ちょうこうとく》教授にも「導引養生功《どういんようじょうこう》」を教えていただきました。中医薬大学での勉強がなければ、私のミトコンドリア細胞呼吸論が生まれてこなかったでしょう。これらの出会いに、私はとても感謝しています。

中国にあったダイエット呼吸法

肖鑫和教授はダイエット呼吸法だけは教えてくださいませんでした。

「君は症状が改善したばかりなので、すぐにはダイエットしないほうがいい」と私のダイエット願望に興味を示しませんでした。

体重が68キロのまま減少しないで日本に戻ってきた私ですが、やはり痩せたい気持ちが募りました。だって、そうではありませんか？　プロを目指すのであれば、太っていてはいけません。本の虫の私は、またもや関連本を読みあさりました。そして買い集めた関連書籍の中で、体重減少効果のある「青蛙功《せいあこう》」に出会いました。

青蛙功は四つのステップからなります。
①腹部をふくらませて息を吸う。
②さらに2秒、腹部をふくらませたまま息を止める。
③さらにもう一息吸って腹部をふくらませる。
④腹部をへこませて息を吐く。
毎回20～30分間、これを一日に一～三回行ないます。

その本によると、１０５５例を対象に青蛙功を実践した結果、開始日の翌日に体重減量の効果がもっとも顕著に現われ、次第にゆるやかになります。一日の平均体重が、実行開始の翌日に１３４グラム、実行開始一週間内で70グラム、実行一ヵ月内で36グラム、減少したと報告されています。

しかし、青蛙功には腑に落ちない点がありました。それは腹式とはいえ、息を吸うことです。しかも息を吸うことから始めるのです。

これでは、深呼吸の「吸う」と混同しやすい。人間は息を吐くことから始めたほうがいいと考えた結果、私は「青蛙功」を参考に、次の点に気をつけながら、いまの納気延長酸素ダイエット法を考案しました。

1・おなかをへこませて息を吐くことから始める
2・息を吐くときには肛門を締める
3・息を吸わない
4・「呼吸」といわずに「吐納」と明記する
そして、分子細胞生物学の立場から納気延長酸素ダイエット法の奥義を求めました。
脂肪分解の急所は細胞呼吸小器官ミトコンドリアにあり、分解時には酸素が必要だから、吐気より納気が重要であること、そして、分解された脂肪は体力、体温、ホルモンなどの細胞物質に変換されることなどの見解を加えました。
このことについては、二〇〇五年十二月に出版した私の最初の著書『生命力の回復・病気をなおすスーパー細胞呼吸法』(勉誠出版)でも触れました。当時は、この納気延長酸素ダイエット法を「ミトコンドリア細胞呼吸ダイエット法」と呼称していました。その後、学会で論文を発表するときには、この納気延長酸素ダイエット法を「腹式の順式納気延長法」という呼称で発表しており、いまでは、分かりやすくするために「納気延長酸素ダイエット法」と呼ぶようになったのです。

68キロから47キロに

肖教授から授与された卒業証書を手に日本に戻ってきた私は、しばらくして学習院大学での仕事帰りに、山手線の車内で、納気延長酸素ダイエット法を30分やりました。次の常磐線の車内でも、静かにおなかをふくらませては、さらにふくらませることを試してみました。するとさっそく、夕飯はそんなに食べなくても満腹感が得られました。その後、毎日一回だけ、夕飯の買い物に出かける前に、ほかのエクササイズも含めて一時間ほど楽しく行ないました。

不思議なことに、夕飯が出来上がったころには、もう食べなくてもいいわ、という満腹感がやってくるのです。別腹もなくなりました。

最初、一年かけて68キロから10キロ減らしました。その後、思い切って三ヵ月で11キロを落として47キロに減らしました。しかし47キロでは痩せすぎなので、51キロに戻しました。六十二歳になった今では、体重は50キロをキープしています。

2・美しく痩せる

痩せるためのご馳走

ダイエットご飯はなんともおいしい。

赤身の肉（ステーキ、しゃぶしゃぶ、煮込み、ポトフ、鶏肉の水炊きなど）、魚介類（ブリ大根、焼き魚、刺身、牡蠣と野菜の味噌汁、小魚など）、野菜も山盛り、ご馳走の毎日です。

一方、油脂の多い食べ物は避け、天ぷら、コロッケの衣は剥《は》がして捨てました。肉の白い脂身も鶏皮も、一滴たりとも残さずにゴミ箱へポイ。

朝食は、パンにバター、マーガリン、ジャム、ハムという高糖分と高脂肪分の食事をやめ、卵、牛乳、納豆、豆乳、寒天、トマト、キャベツ、果物など、痩せやすい食材を中心にしました。

私の場合、ご飯は一日たったの三口です。おかず感覚で食べています。

大好きだった豚や牛のばら肉もやめました。

スーパーでは、牛ばら肉を美しい薔薇の花のようにトレイに並べます。でも、牛ばら肉を食べれば、腹につくばかりです。

私はばら肉を買う主婦をみかけると、ダメダメと思わず首を振ってしまうのです。余分な脂肪は腫瘍や壊死《えし》に至る物質を分泌し、癌になるリスクが高くなるのです。

「動物性の脂肪＝死亡！」と自覚したほうがよいかもしれません。脂身好きは慢性の自殺行為に等しいと思っています。絶品と呼ばれる霜降り牛肉は私には気持ちが悪く、安上がりの赤身の肉のほうがそそられます。赤身の肉は健康的でおいしいのです。

痩せても皮膚は垂れてきません

痩せて皮膚が垂れてしまった人をみかけます。

「あれって、生身の本皮のスカートだよね」と笑っていました。

でも、痩せた私の皮膚は垂れてきませんでした。ちょうど桜の花が咲き乱れ、大学の仕事が始まるころでした。さあ、学校に着ていく洋服はどれにしようかなと、不意に自分の手足に目が行きました。なんと均等に細くなっているではありませんか。体重計ばかり見て身体の変化を見ていませんでした。

「皮のスカートは？」「皮の振袖は？」と全身の個々のパーツを確かめても、余分な「皮」は見つかりませんでした。

「ミトコンドリア細胞呼吸学園」の開設

納気延長酸素ダイエットで痩せた途端、友人に褒められました。

「スタイルがいいですね。くびれるところがくびれて、出るところがちゃんと出ていて、顔色もよくて元気がいいですね。」と褒められ、自信がついてきました。

ある日、電車の座席に座って、目の前に立っている婦人たちの会話が耳に入ってきました。

「私、高脂血症なの」

「私は糖尿病よ」

お顔を見上げると、なるほど太っています。

そういえば、「この宝物を日本友人に伝えてください」と肖鑫和教授が教室開設のプランまで練ってくださったことを思いだしました。

さっそく、我が家の一階部分を教室にして、火曜、木曜、土曜日に五クラスを開講。不眠から難病まで、それぞれの症状に合った吐納法の選択を行ない、みんなと一緒に、ミトコンドリアの知識などを学びながら、楽しく吐納法の練習を行ないました。「ミトコンドリア細胞呼吸学園」の開設です。

最初に改善されたのは貧血の女性。それから、更年期障害でお皿一枚も洗えないほどつらかった女性が元気になって喜んでくれました。乳癌で三年半治療をしても腫瘍マーカーが下がらなかったのが、二ヵ月後の再検査で正常値に下がって元気に回復できました。喜びの連続です。

医用工学専攻の博士後期課程に入学

吐納法の生理作用効果について、さらに学問的に解明したい。そう思って、桐蔭横浜大学大学院医用工学専攻博士後期課程に入学。大学院の川島徳道教授らの厳しいご指導の中で、「腹式呼吸法の生理作用について」というテーマで、腹式呼吸法が体温、体重、血圧、自律神経、不整脈に及ぼす研究を行ないました。そして、平成二十四年三月、工学博士号を授与されました。

美しく痩せて、若返る

ダイエットの効果は痩せるだけではありません。痩せると同時に、体力が増強され、性ホルモン、長寿ホルモンが増え、免疫力もアップ。しかも、これらの若さを保つ生理物質をつくるためのミトコンドリアの数も増え、機能と品質もアップしてきます。

牛久教室のみなさんと一緒に。先頭が私。

教室のみなさんは納気延長酸素ダイエットの効果にご満悦です。

抜け毛しなくなったね、小顔になったわ。シワ、シミ、ソバカス、顔のくすみも減ったね。モチモチ肌になった。目覚めがよくなった。気力が湧いてきた。イライラしなくなった。生理がピタッピタッとくるわ。卵巣の腫《は》れもなくなった。更年期よサヨウナラ。血圧も下がって降圧剤も減った。痔が消えた。鼻炎がおさまって、ティッシュの紙が減らなくなった！　何十年来の踵のひび割れが初めてなくなった。冷え性が改善、カイロを使わなくなった。眠れるようになって、地震がきたのも知らないでグーグー寝ていた……。

ワハハハハ〜！

ちなみに、今年六十二歳になった私は体重計を可愛がっています。なぜかといえば、それが毎日、「身体年齢五十二歳」と示してくれるからです。

3．妊娠しやすい身体になる

ダイエットの次は妊娠へ

さきほど登場したAさんは、納気延長酸素ダイエット法で96キロから61キロにダイエットに成功し、生理不順も解消しました。その後、めでたく結婚。さらにこの納気延長酸素ダイエット法で妊娠して母になりました。彼女のほかにも、不妊治療を続けても妊娠できなかった女性たちが、私の教室に通ってこの方法で母となりました。

つまり「納気延長酸素ダイエット法」は妊娠にも効果があるのです。

では、妊娠にも効果があるというその原理とはいったい何でしょう？

体脂肪と女性ホルモンの間には、「体脂肪が分解すると同時に女性ホルモンの合成が増幅する」というゴールデンルールが存在しています。これです。これが納気延長酸素ダイエット法による妊娠力を高める力になるのです。そこで、妊娠という目的を明確に示すために「納気延長の酸素妊娠法」と呼称し、ちょっと妊娠へのイメージ力を追加しました。

納気延長の酸素妊娠法

①「吐気」おなかをへこませて肛門を締めて息を吐く（5〜6秒）。
②「納気」おなかと肛門をゆるめ、酸素が流入してくるのを待つ（6〜8秒）。
③「閉息」吐気も納気もしません。息を止める（2秒）。
④「強納気」おなかを凸凸凸にポンポンとふくらませる（1〜2秒）。

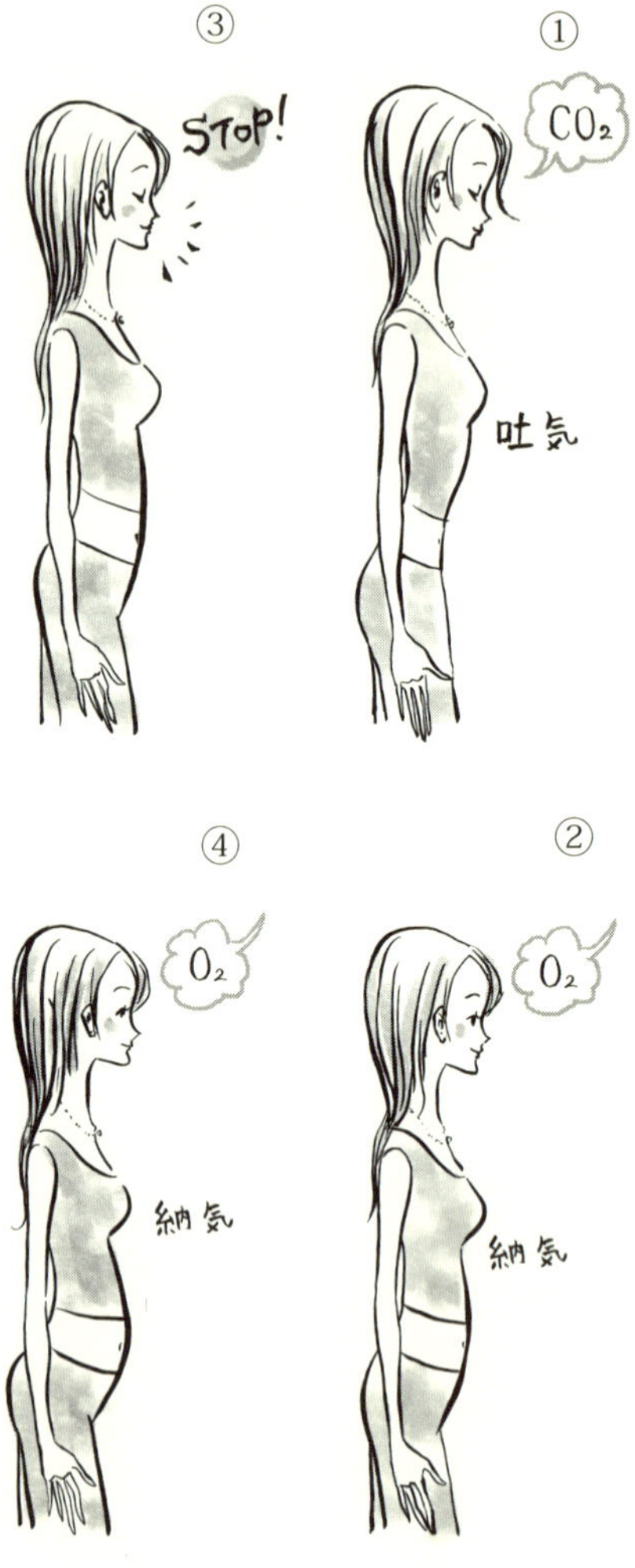

おなかを大きくふくらませて納気を延長させることが重要です。ステップ③のときに、妊娠して大きくなっていく大きなおなかをイメージにして、おなかを凸凸凸にふくらませて強く納気を数秒続けてみましょう。

「子どもがほしい」と悩んでいる女性が多いですね。

もちろん不妊の原因は多様なので、納気を延長すれば１００％不妊解消できるとは限りませんが、妊娠作用効果を秘めており、可能性をぐんと高めてくれます。通院してもなかなか妊娠できなかった方々にもお薦めです。

肩の力を抜いて楽しんでやってみてください。

女性ホルモンは体脂肪からつくられる

「女性ホルモンは何からつくられるものでしょうか?」と教室のみなさんに聞いてみました。誰も考えつかないので、私は「愛からでしょうか?」と言って、みなさんを笑わせています。

女性の美しさやしなやかさをもたらしてくれる魅惑な女性ホルモン、その合成原材料は意外なことに、多くの方に嫌われている「コレステロール」なのです。女性ホルモンの合成にはコレステロールのほかにもいろいろな「添加物質」が必要です。

女性ホルモンは愛から？
いいえ、体脂肪からつくられます。

妊娠するためにも、更年期障害を解消するにも、若返るためにも、女性ホルモンを増やしたいものです。

もちろん病院に行けば、女性ホルモンを増やすための薬があります。でも、自ら行なう納気延長の酸素妊娠法で増やすこともできるのです。そこで、女性ホルモンの合成レシピを見てみましょう。

女性ホルモン合成の材料は以下のものです。

①コレステロール
②脳からの刺激ホルモン
③情報伝達メッセンジャー
④輸送タンパク質
⑤酵素
⑥酸素、水素、電子、炭素、水、ヘム鉄など。

そして、その女性ホルモン合成の場所は、卵巣の顆粒《かりゅう》細胞にある細胞呼吸小器官「ミトコンドリア」と「小胞体」と呼ばれる小器官です。

女性ホルモンの合成開始

女性ホルモンはどんなふうに合成されるものでしょうか。

①まずは脳神経からの指令です。

脳神経から卵巣細胞に「女性ホルモンをつくりなさい！」という刺激を出します。指令をキャッチした卵巣細胞は女性ホルモンの合成を始めます。

②さっそく、輸送タンパク質がコレステロールを運んで、卵巣細胞の中の細胞呼吸小器官「ミトコンドリア」に運び込まれます。

③ミトコンドリアの中では、酵素たちがコレステロールの炭素をチョキチョキと短く切断します。

④もともと27個の炭素をもつコレステロールですが、そのうち6個が切断されて、炭素数21個の「プレグネノロン」とよばれる「プロホルモン」に生まれ変わります。

⑤プロホルモンは、その後、ミトコンドリアを離れ、滑面小胞体とよばれる細胞小器官に移動します。滑面小胞体の中で、さらに酵素と酸素との連続的な反応を受けた後に、女性

ホルモンのエストロゲンとプロゲステロンに合成されていきます。

一連の合成作業の中で何がいちばん肝心かというと、じつは酸素なのです。どの作業も重要ですが、酸素が来ないと一連の連続的な反応は起こりません。

ヒトの脳は、細胞すべての声を聞き入れてくれます。たとえば、足を踏まれたとき、その痛みが脳に伝わると、脳はその痛みを聞き入れて、「痛い！」と言わせます。生理学では、末梢から脳の中枢への情報伝達路を「求心路」といいます。

脳はすべての細胞活動を統括する一方、細胞の声も「求心路」を通して入ってくるというわけです。

私たちはおなかを凹凸凸凸する間に、「酸素よ、入れ！」という情報を「求心路」を通して脳に伝え、脳はおなかの状況に応じて、それなりに「女性ホルモンの合成を始めなさい！」という指令を出してくれます。

ですから、おなかを凹凸凸凸に動かす行動がいちばん肝心なのです。

なぜ酸素が不可欠なのか？

女性ホルモンはステロイドホルモンの一種です。合成するには酸素が必要です。ともかく、酸素添加が必要だということです。

人間が絶え間なく酸素を要求するのも、ホルモンの合成に必要だからです。

男性ホルモンの合成にも酸素が必要

男性ホルモンも女性ホルモンと同様にコレステロールを原料として合成されます。

脳から指令を受けると、輸送タンパク質はコレステロールを精巣の細胞内にある「ミトコンドリア」の中へ転送されます。

ミトコンドリアの中で酵素たちは、コレステロールの27個の炭素をチョキチョキと切断し、「プレグネノロン」と呼ばれるプロホルモンをつくります。

プロホルモンはミトコンドリアを離れ、滑面小胞体に入り、滑面小胞体の中で酵素と酸素との連続的な反応を受けた後、男性ホルモンの「テストステロン」に合成します。

脂肪細胞からも排卵促進ホルモンが

すでに脂肪細胞から「レプチン」という痩せるホルモンが分泌されていることを述べましたが（１１０ページ）、そのレプチンは強力な食欲抑制力と脂肪分解促進力を持っているほかに、もう一つ、排卵促進力という大きな才能があります。

カリフォルニア大学サンフランシスコ校の研究グループは、「病的な肥満による不妊のマウスにレプチンを与えたところ、体重が減少しただけでなく、妊娠して子どもマウスを出産した」と報告しています。

秋田大学生殖発達医学講座婦人科分野の福田淳先生のグループは、「マウスの排卵一日目での卵管、および子宮でレプチンのｍＲＮＡ（メッセンジャー・エムアールエヌエー）が見つかり、子宮内腔液のレプチン濃度を測定すると、着床期に最もレプチン濃度が上昇した」と報告しています。

脂肪細胞は「妊娠力の女神」なのです。

痩せすぎの女性は、レプチンの分泌量が少なく、無月経または不妊症になりやすいのです。太りすぎの女性は、レプチンの血中濃度が高いのですが、レプチン感受性の低下で、月経困難と不妊を招いてしまいます。

夫婦熱々の愛情に、燃える酸素を添加しましょう。酸素はおなかに子宝が授かるための必須アイテムです。子宝は酸素を待っているのです。

妊娠できる四段階

最初の一歩だけでは山頂まで辿《たど》りつくことができません。

妊娠するまでにも少々時間がかかります。私の教室では、納気延長酸素妊娠法を始めて一ヵ月で妊娠した方がいらっしゃいましたが、遅くて一年、平均で半年かかりました。妊娠できるまでには備えが必要です。

第1段階・生理不順の解消

「生理の周期が乱れている、生理が来ない月もある、来ても量が少ない……」

妊娠するためには、まず生理を正常に戻すことが一番大事です。女性ホルモンの正常な分泌が妊娠を可能にするからです。女性ホルモンの合成は細胞呼吸小器官ミトコンドリアの中で行なわれ、酸素が絶対条件です。だから納気延長酸素妊娠法は頼もしい助っ人になります。

第2段階・適正体重へ

痩せすぎはよくありません。覚えてほしいことは、女性ホルモンを合成する素材は、コレステロール、中性脂肪です。痩せすぎると、材料不足になります。痩せすぎの方は、まず吐気延長法を20分行ない、それから5分ほど納気延長酸素妊娠法を行ないましょう。すると、吐気で脂肪の合成を促し、それから納気で脂肪をホルモンに変換していくことができます。適正体重になって脂肪が増えてくると、脂肪が分解され、同時に性ホルモン、成長ホルモンなどの合成が増幅してくる余裕も生まれてきます。備えあれば憂いなしです。

第3段階・冷え性の解消

冷え症になると、酸素を運ぶ血流の循環が悪くなり、血流量も酸素量も減り、子宮と卵巣の機能を低下させてしまいます。納気延長酸素妊娠法は体温を高める納気延長酸素ダイエット法のやり方と同じですから、当然、冷え性は改善されます。持続的に行なえば、体温が平均37・3度へ急上昇するのも驚きです。

教室のみなさんは、三ヵ月ぐらいたつとたいがい、「身体がポカポカになった」「冷房除けに羽織るものがいらなくなった」など、喜びを隠せません。

第4段階・低温期から高温期への順調な移行

妊娠を望まれる方はみなさん基礎体温をマークしています。妊娠のカギとなる排卵日や生理のリズムを知ることができるからです。

ある女性は語ってくださいました。

「毎日30分はと思って納気延長酸素妊娠法を続けています。高温期が短かった生理が、今月は比較的スムーズに低温期から高温期に移動して、高温期もしっかり12日間ありました。以前はなかなか基礎体温がきれいにならなかったのですが、ホルモンが正常になってきているのかなと嬉しく思っています」

こうして、少しずつですが、身体のボロが修復され、妊娠条件が備わり、やがて妊娠できるような身体に変わるのです。

「自癒力」を高める面においては、納気延長は薬に勝るのです。

《第6章》

ミトコンドリアさん、ありがとう

1・息をする細胞たち

酸素は身体のどこで使われているのでしょうか？

肺？　心臓？　血管？

正解は、細胞の中です。

私たちの細胞は、息をしながらエネルギーを合成します。それが「ミトコンドリア」と呼ばれる細胞呼吸小器官の中で行なわれています。ミトコンドリアは酸素をとり入れて、脂肪酸をエネルギーに、体温に、ホルモンに変えてくれています。ここが大事なところです。

ミトコンドリアは酸素をとりこむと、酵素を回転させて、脂肪と糖をエネルギーに合成してくれます。こうしてミトコンドリアはエネルギーを合成しながら、二酸化炭素を吐き出します。ガス交換しているのです。鼻から吐き出す二酸化炭素のほとんどはミトコンドリアからの副産物です。ですからミトコンドリアは細胞呼吸小器官とも呼ばれています。

ちなみに生理学では、鼻と肺を通して行なうガス交換を「外呼吸」と称し、血液を通したガス交換を「内呼吸」と呼称しています。外呼吸も内呼吸も、ミトコンドリア細胞呼吸小器官のためにあるのです。

心臓の半分の面積をミトコンドリアが占めている

「ああ、今日も終わった」と、ふとんに入って瞼《まぶた》を閉じれば、身体も休まります。ところが心臓には休みがありません。不眠不休です。そのため心臓部にある細胞のミトコンドリアの数は、心臓の半分の面積を占めているといわれています。それほど多いのです。心臓部の心筋繊維にそって、ミトコンドリアがズラリと密に配置されています。

心臓だけではありません。たとえば人体の血管の長さは赤道を二周半もできるほどの長さ

です。血管の中はミトコンドリアだらけです。同様に、肺胞の総面積はテニスコート一面分、小腸の総面積はテニスコート二面分といわれています。つまり、数えきれないほどのミトコンドリアたちが、刻々と酸素をとりいれてエネルギーの合成に励んでいます。さらにDNAをコピーする作業にもエネルギーが必要です。ヒトのDNAの総延長は地球と太陽を三六七往復できるほどの長さといわれていますが、絶えずDNAをコピーしたり修復したりするにも、ミトコンドリアからのエネルギー供給が必要です。精子でさえ大好きな卵子に出会うために泳ぐエネルギーをミトコンドリアから供給してもらっています。

人間一人の細胞は六十兆個あるといわれていますが、一個の細胞には三〇〇個から三〇〇〇個ものミトコンドリアが存在しています。気の遠くなるような数のミトコンドリアがこうして働いているのです。

多才多芸のミトコンドリア

ミトコンドリアの「芸」を挙げてみましょう。

① 脂肪酸を分解してエネルギーに合成してくれる。
② 脂肪酸を分解して体温に変換してくれる。
③ コレステロールを性ホルモン、ステロイドホルモンなどに変換する。

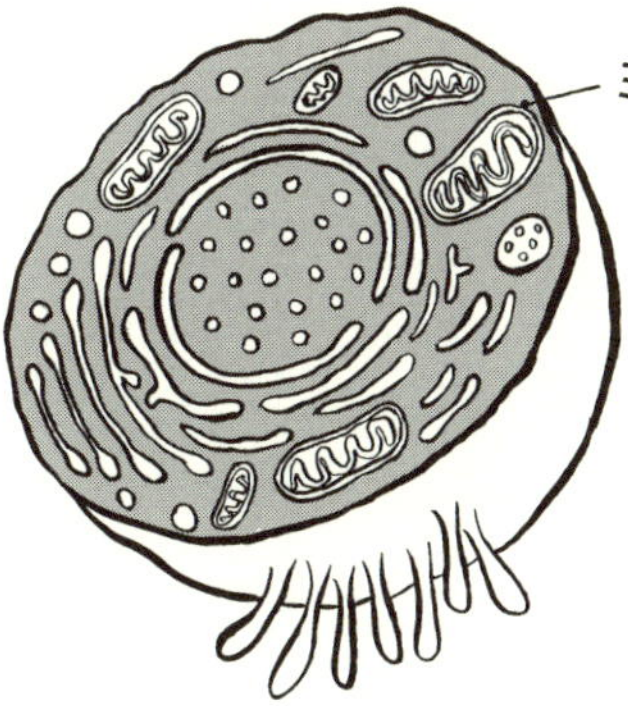

ミトコンドリアの断面図。細胞にはミトコンドリアがたくさんあります。

④ 尿酸を分解する。
⑤ 癌など変異した細胞の自滅を主導する。
⑥ 脂肪酸の合成をスタートさせる物質を提供する。
⑦ 長寿遺伝子をもっている。

古来、世界中にはいろいろな呼吸法が存在していましたが、ミトコンドリアの存在は知りませんでした。近年、分子細胞生物学の発展によってミトコンドリアの素晴らしさが解明されました。すでに8人のミトコンドリア研究者がノーベル賞を受賞されています。ここはそれほど重要な部分だということです。

脂肪を分解するミトコンドリア

ミトコンドリアを知った上に、脂肪の重要性と脂肪を分解するミトコンドリアの働きを見ましょう。

長寿に超重要な体脂肪

「このへんも、このへんもいらないわ」

脂肪を厄介者扱いにして締め出したがる激太りの方々に対し、「少しでもいいからください」と脂肪を欲しがる激瘦せの方もいます。私たちの脳は、水分を除いた半分が脂質です。身体も、水分を除いた重量の三〜五割は脂質だといわれています。なぜこんなに脂肪が必要なのでしょうか。

脂肪はエネルギーのもと

指一本を動かすにもエネルギーが必要です。そのエネルギーの大半は脂肪酸を原材料としてつくられたものです。ミトコンドリアの中で1分子の脂肪酸は、酸素をとりいれながら129分子のエネルギーを産生します。糖もエネルギーづくりの原材料として重宝されていますが、1分子の糖は無酸素状態では2分子のエネルギーしか生み出しません。酸素をとりいれる状態でも38分子のエネルギーしかつくられません。脂肪がなければ、人間はエネルギー欠乏になり、歩くどころか、座ることも水を飲み込むこともできなくなります。

脂肪は細胞膜になる

スーパの鮮魚売り場でプチプチする「イクラ」を見ると、私は身体の中の細胞膜を連想します。細胞たちは、一粒一粒、イクラのように膜に包まれています。それらの膜の大きな特徴は、余分な水分や異物が無断で細胞内に入ってこないようにする脂質で二重に包まれた「疎水性」です。細胞膜が壊れてしまうと、細胞は死んでしまいます。

脂肪はホルモンになる

女性の美しさをもたらす女性ホルモン、男性の強さをもたらしてくれる男性ホルモン、免疫力をもたらしてくれるステロイドホルモンなどのホルモンや胆汁など、それをつくる原材料はみな脂質です。無理なダイエットをすると、生理が来なくなるのもこのためです。ホルモンは骨を守る作用もありますので、痩せすぎは骨粗鬆症になりかねません。

脂肪は体温になる

前にもお話ししましたが、脂肪細胞は双子の兄弟です。これは「白色脂肪細胞」と「褐色脂肪細胞」に分かれています。白色脂肪細胞はエネルギー産生に使われ、「褐色脂肪細胞」は体温づくりに使われています。数の少ない褐色脂肪細胞の内部では、ミトコンドリアは絶え間なく酸素をとりいれて、脂肪を体温に変換しています。

脂肪はクッションになる

プニプニ、ムギュムギュする肉球がなければ、物をつかむ指が痛くなり、床に触れると足が痛くなります。踵もお尻も肉球の中には脂質が多く含まれているので、それがクッションとなっています。肉球はネコや犬にとっては、抜き足差し足忍び足をするときの防音クッションにもなっています。また、ブニュブニュするおなかの内臓脂肪も、外部の振動から内臓を守るクッションになっています。痩せすぎの人が椅子に座ると、お尻が痛いと感じることもありますね。肌のみずみずしさを保つにも脂肪は大切で、皮膚の角質細胞同士をつなぎ、水分を逃がさないように肌の若さを守ってくれています。脂肪が不足するとシワが深くなります。

脂肪はいろいろな生理物質をつくる

ミトコンドリア研究の権威・太田成男日本医科大学教授が著書『体が若くなる技術』（サンマーク出版）の中で、代表格のホルモンについて次のように語っています。

「脂肪細胞から分泌されるよいホルモンの代表はアディポネクチンといいますが、動脈硬化も糖尿病も防いでくれる非常に頼もしいホルモンです。そしてミトコンドリアも増やす役割があることがわかってきたのです」

脂肪はダイヤモンドよりも値打ちが高そうですね。

2・肥満は老化現象

脂肪はそれほど重要なのですが、肥満となると老化に向かいます。

性格的にいい加減な私ですが、自分自身の肥満だけは断固として許せません。だって、肥満体は脂肪の「ゴミ屋敷」ということではありませんか。毎日チェックしています。どうして肥満のままにいられるでしょうか。

肥満は老化現象です。ただでは済みません。容姿が老けて見える上に、高脂血症、脂肪肝が進むと肝臓癌にもなります。乳癌などの発症率が高くなります。血管も老化します。狭心症、脳梗塞、糖尿病が容赦なく待ち受けているからです。不安になりませんか？

肥満による老化は、じつはひそかにミトコンドリアから始まります。

ミトコンドリアはどんなにテクニシャンであろうと、四十代から自然と機能が低下しはじめ、数も減っていきます。五十代を境に一気に衰えていきます。

ミトコンドリアの中には遺伝子があり、それらの遺伝子は中年から変異が生じます。また、古くなったミトコンドリアを捨てるゴミ箱さえ細胞の中に用意されていますが、ゴミ箱の機能も低下します。老化したミトコンドリアが捨てられずに蓄積されると、身体はますます「老い」に向かいます。

脂肪を分解する唯一無二の場所――それがミトコンドリアです。ですからミトコンドリアの老化は肥満を招き、肥満は様々な病気を引き起こす老化現象なのです。「私は自分に甘いのでダイエットは無理」とは言わずに、「脂肪ゴミ」を掃除してほしいものです。

子どもの肥満には天敵がいる

「この子、痩せたことないわね……」

と言いながらも、おいしそうに食べる子どもの姿はなんとも可愛いものです。パパ、ママ、おじいちゃん、おばあちゃんはついつい「もっと食べなさい」と、たくさんおいしい食べ物を与えてしまいます。その結果、微笑ましい小児肥満が増えています。

食べすぎると、ミトコンドリアは余分な体脂肪を払いきれません。太っている子どもを見ると、あらまあとため息をついてしまいます。

食べさせすぎという子どもへの愛は害となります。

3・体脂肪にも「上り線」と「下り線」がある

カーレースのスピードには及びませんが、指一本を動かすときの脳から指への神経筋伝達のスピードは時速100キロ以上になります。100キロの高速を出させるためには、一瞬一瞬ごとのエネルギー供給が不可欠です。これらのエネルギーは、血糖や脂肪を原材料として合成されています。そのために、身体には脂肪を瞬時に分解する脂肪分解経路もあれば、逆に脂肪がなくならないための脂肪合成経路も備わっています。

電車の線路にたとえれば、「上り線」と「下り線」があるわけです。線路だけではありません。乗車ホームも異なります。線路と乗車ホームを正しく見分ければ、脂肪を増やすことも、減らすこともスムーズになるでしょう。脂肪はそれほど重要なのです。

脂肪酸が分解される経路を見てみましょう。

①脂肪酸の分解は駅伝のように走者が多い

脂肪酸は駅伝のように、酵素たちが順々にバトンタッチしながらダイナミックな反応を起こして分解していきます。点火してオイルをバーンと燃やすような簡単なものではありません。まず、一番走者の交感神経が「燃えろ」という命令を細胞に伝え、次に、二番走者である運び屋・タンパク質カルニチンが脂肪酸を三番走者・細胞呼吸小器官ミトコンドリアの中へ運びます。すると、ミトコンドリアは酸素をとりいれて酵素群を回転させ、脂肪酸を次々に別のものへと連続的に変貌させていきます。

最終的に、ミトコンドリアに運ばれてきたギトギトした脂肪酸は、酸素と酵素の反応によって、エネルギーになるＡＴＰ（アデノシン三リン酸）という物質に変身させられます。そしてエネルギーとなってミトコンドリアから細胞に運び出され、私たちの体力になるわけです。

この脂肪駅伝は、駅名と走者がとても多くてコースも複雑なのですが、ちょっとだけかじってみましょう。

②脂肪分解を命令するのは交感神経

体脂肪はメラメラ、パチパチとオイルに火をつけるような燃え方はしません。音も煙も炎もなく、交感神経に誘われて、酵素の回転、加えて酸素や水素などの共同作業によって、静かに、瞬時に、分解されます。

脂肪を分解させるトップランナーは自律神経の中にある交感神経です。交感神経が「脂肪を分解しなさい」と命令すると、脂肪細胞の表面にそれをキャッチする窓口があり、直ちに脂肪分解の作業が始まります。こうして脂肪酸を分解してエネルギーや体温などに変換していくのです。

私たちのすべての細胞は自律神経の支配を受けていますが、自律神経は交感神経と副交感神経に分かれていることはもうおわかりですね。

痩せるには、おなかを凸凹凸にして納気を延長させ、交感神経を活性化することが重要でしたね。すると、酸素が細胞内にたくさんとり入れられて、体脂肪がエネルギーに、体温に、ホルモンに変換されて脂肪が減少していくのです。

逆に太るためには、おなかをへこませて吐気を延長させ、副交感神経を活性化させることが肝心でした。副交感神経が活性化すると、栄養の吸収がよくなり、体重も増えるのです。

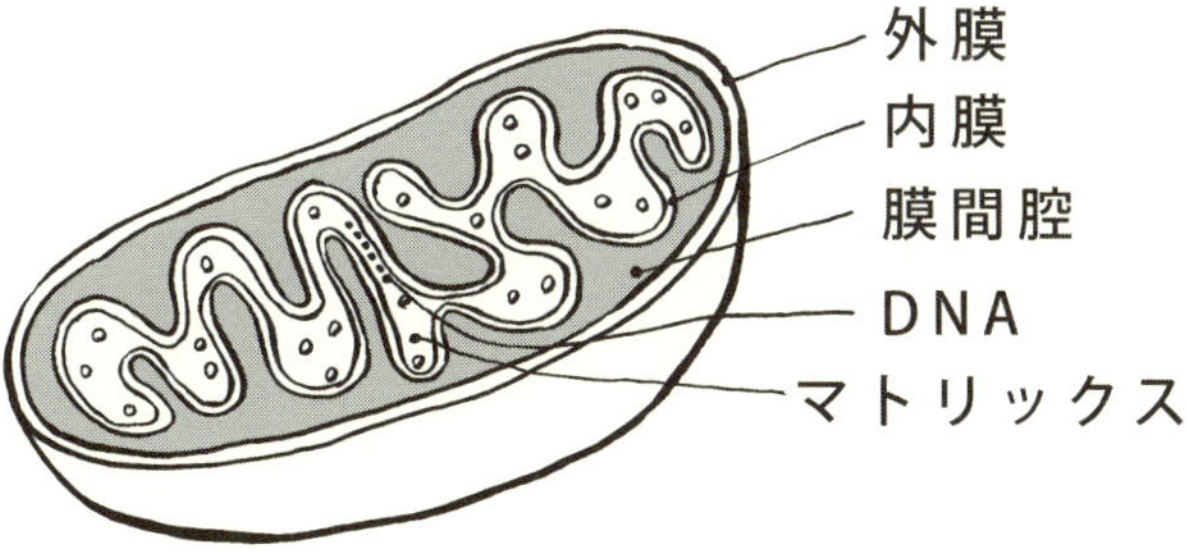

体脂肪を糖とエネルギーに合成してくれるミトコンドリア

③脂肪酸を分解するのはミトコンドリアだけ

「ミトコンドリア？　ミドリムシ？」

教室に通っている女性は、テレビのクイズ番組を観ていました。

「ミトコンドリアとミドリムシの写真が並べられて、どちらがミトコンドリアですか」という二択クイズです。さあ、どれかなと迷うタレントさんの姿を見てその女性は、

「ん、こんなのすぐわかるわ。ピンポン！　私が最初に押しちゃったわ」

とプッと噴き出したそうです。教室では「分子細胞生物学」を少しずつ勉強しているので、みなさんはもうミトコンドリアの「専門家」になっています。

「ミトコンドリアって何ですか？」と尋ねると、

「脂肪酸の分解は、ミトコンドリアなしではできません。ミトコンドリアは脂肪酸を分解する唯一無二の場所です」

とスラスラと答えるでしょう。

人体には約六十兆個の細胞があり、その一個一個の細胞の中に数百個から数千個に及ぶミトコンドリアが存在しています。数多くのミトコンドリアが刻一刻、巧みに酸素をとり入れて脂肪を分解し、エネルギーを提供してくれているおかげで、私たちは体力を手に入れることができるのです。

④脂肪酸を運ぶ「カルニチン」というタンパク質

「ピンポン、ピンポン」と宅配便のお兄さんが嬉しいトキメキを届けてくれます。

宅配といえば、脂肪酸をミトコンドリアの中へ運ぶのにも「宅配便」が使われています。内膜と外膜に囲まれているミトコンドリアの守りは首相官邸よりも厳しいのです。空気中のイオンの出入りさえ厳しく限定されているので、脂肪酸は単独ではミトコンドリアの中へ入っていくことができません。

そこで登場するのが「カルニチン」と呼ばれる輸送タンパク質です。カルニチンが脂肪酸を運んでくれるのです。トップランナーである交感神経の指令を受け取ると、二番走者のカルニチンはさっそく細胞質の中にいるベトベトした脂肪酸と結合して、脂肪酸を乗せてミトコンドリアの中へ連れていきます。カルニチンが不足すると、脂肪酸はミトコンドリアの中へ入ることができません。細胞内に蓄積され、やがて中性脂肪値がグンと高くなっていきます。

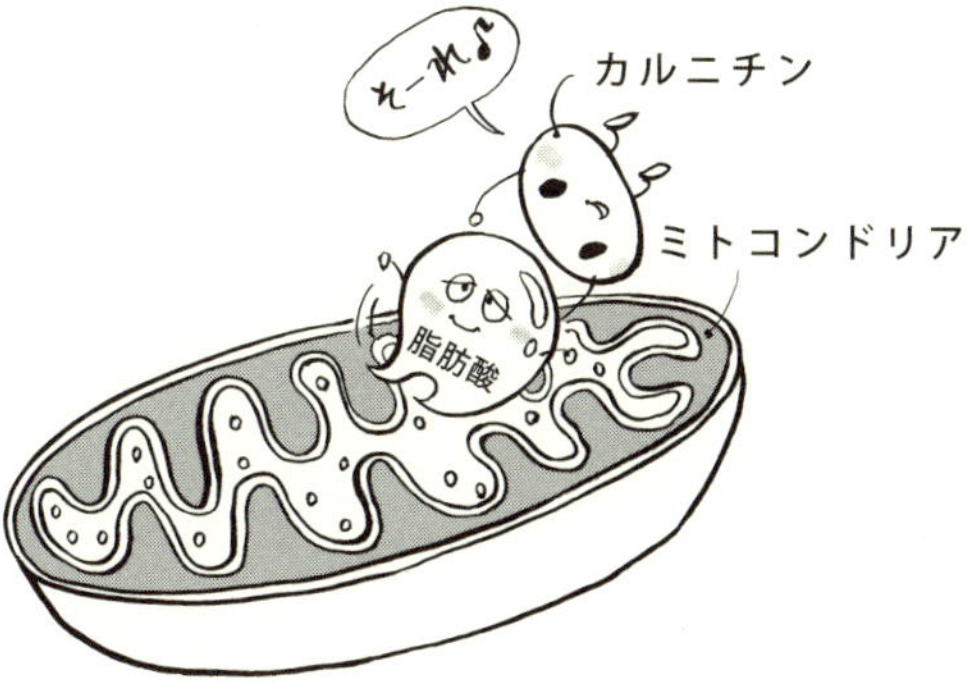

カルニチンは脂肪酸をミトコンドリアの中へ運んでくれる

カルニチンはいわば通行手形です。

「カルニチンを増やす方法はありますか？」

ラッキーなことに、カルニチンは食べ物から摂取できます。動物性の肉を食べると得られるタンパク質です。大豆や野菜類やお魚では代用できません。チーズや牛乳、卵にも含まれていますが、赤身の肉にいちばん多いのです。牛、羊、豚、鶏でもオーケーです。あくまでも赤身の部分です。高級な霜降りではありません。高級品はこの際、不要です。脂肪酸を運搬する主役は赤身の肉類なのです。

「痩せているのに中性脂肪が高いの……」

とため息をつくのは菜食主義者が多いはずです。

原因はどこ？

カルニチンが不足すると、脂肪酸をミトコンドリアの中へ送り込むことができないので、脂肪酸を分解できずに溜まってしまうのです。

近年、お肉＝癌の元凶のように考えて、お肉を悪者扱いして食べない方が増えています。厚生労働省や免疫研究者たちは、お肉を食べなさいと再三呼びかけてきましたが、それでも頑として食べない方が少なくありません。これは大きな落とし穴です。赤身の肉は、必須なのです。それに激ウマ！　私は毎日食べないと不安です。

⑤ミトコンドリア内の脂肪酸分解酵素

酵素ブームの昨今です。漬け物から飲み物、洗剤から肥料まで、商品の説明書きを読むと「酵素入り」のものが増えてきました。私もハマっています。

じつは、ミトコンドリアには、脂肪酸を分解する酵素が多く存在しています。

クエン酸回路に並べている酵素たちは、順々に脂肪酸を次のように分解していきます。

⑥鼻から吐き出す二酸化炭素

私たちは鼻から絶え間なく二酸化炭素を吐き出しますよね。

じつはそのほとんどは、ミトコンドリアの中で酵素たちが脂肪酸の中の炭素を抜き捨てたときにできた不要なものです。

脂肪酸の炭素って？

脂肪酸には、短鎖脂肪酸、中鎖脂肪酸、長鎖脂肪酸に分かれています。

炭素数2～4個のものを短鎖脂肪酸、5～12個のものを中鎖脂肪酸、12個以上の炭素数の

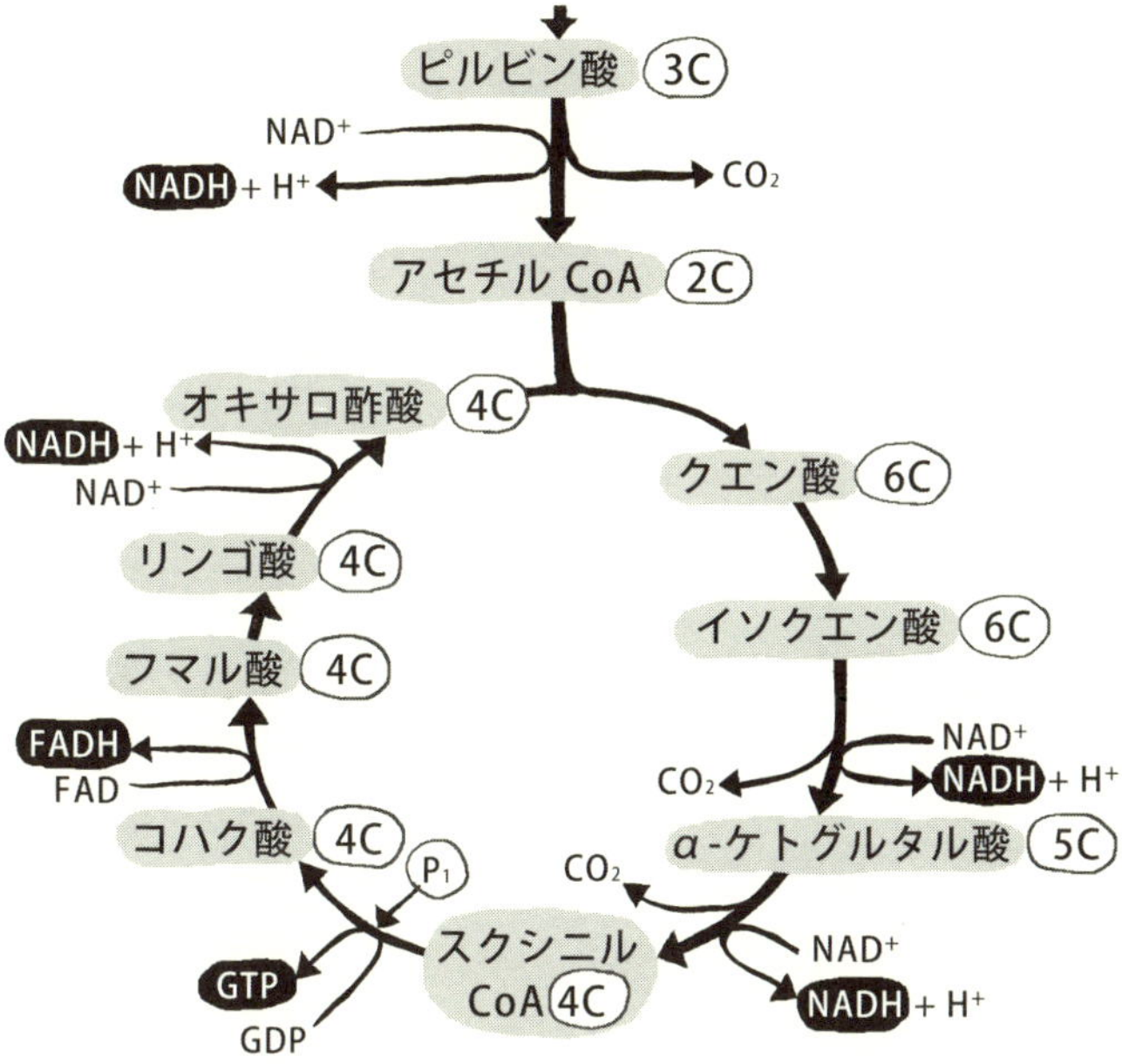

ミトコンドリアのクエン酸回路の中で脂肪酸を分解してくれる酵素たち

ものを長鎖脂肪酸といいます。

短、中、長はともかく、脂肪酸には炭素が多いことは共通しています。脂肪酸を分解するには、それらの炭素をまず取り除かなければなりません。

二番走者のカルニチンが脂肪酸をミトコンドリアに運んでくると、脂肪酸はまず、ミトコンドリアのクエン酸回路の酵素反応を順々に受けていきます。順々に、持っている炭素が抜き出されていきます。日頃、ハーハーと息を吐きだす吐気って、こんなにも、ミトコンドリア酵素たちの炭素抜き作業と密にかかわっているのです。

⑦酵素たちは水素を抜き出す

近年、「ミトコンドリア水素水」が流行っています。

「毎日飲んでいますよ」とタレントさんがテレビで話しています。飲むとミトコンドリアが活性化するようです。

効果のほどについては、水素水を研究していない私にはよくわかりませんが、ミトコンドリアの中で、脂肪酸をエネルギーに変換するときには水素が必要であることは確かです。

そもそも脂肪酸には、炭素のほかに水素も含まれています。グリセリンに結合している脂肪酸は、炭素（C）と水素（H）と酸素（O）からできています。いくつかの炭素が鎖のように一本につながっています。その炭素一個ごとに水素が結合しています。

水素です。

脂肪酸を分解するには、当然、水素を取り除かないといけません。このときも、クエン酸回路のベテラン酵素たちが水素を抜き出してくれます。抜き出された水素は一時的に、補酵素のNAD（ニコチンアミドアデニンヌクレオチド）とFAD（フラビン―アデニンジヌクレオチド）に渡していきます。水素は（H）と表記されていますよね。NADとFADは水素を受け取った後、NADH（デビドロニコチナマイドアデニンジヌクレオチド）とFADH（還元型フラビンアデニンジヌクレオチド）に化けます。

⑧ミトコンドリアには水素ダムがある

ミトコンドリアの中には水素を貯め込む水素ダムがあります。

水素ダムを囲む堰堤《えんてい》はミトコンドリアの内膜と外膜です。その間の膜間腔が水素を貯め込む極狭で極小な水素ダムです。

ダムといえば、タービンを回す水力発電を連想しますよね。ミトコンドリアの水素ダムは発電ではなく、私たちのエネルギーをつくるときのタービンを回すために水素を貯め込むのです。

さっきクエン酸回路の酵素たちは脂肪酸の水素を抜き出して補酵素のNADとFADに渡すと言いました。水素はNADHとFADHに渡されていますが、これではまだまだ水素ダムの中へ入ることができず、ミトコンドリアの内膜の中に留まっているのです。

⑨水素を汲み出す呼吸鎖

水がないとダムが機能できないと同じように、水素がないと水素ダムも機能しません。そこへ、酸素が登場してきます。水素ダムの内側の堰堤――ミトコンドリアの内膜には、水素を汲み出す「呼吸鎖」と呼ばれるものが埋まっています。

呼吸鎖は、さっきのNADHとFADHの中の水素を水素ダムのほうへ汲み出していきます。このとき、呼吸鎖の中で、酸素と電子と仲よく力を合わせて、一気に水素をミトコンドリアの内膜の内側から膜間腔にある水素ダムへ汲み出していきます。

酸素が来なければ、電子の力だけでは水素を汲み出せません。酸素が重要です。つまり酸素がなければ水素を汲み出すことができないのです。

余談ですが、ロケットを発射するのも酸素と水素のエネルギーを使っています。身体の中の小さなミトコンドリアですが、宇宙開発の先端技術を持っていることに驚きです。

⑩脂肪酸がエネルギーに生まれかわる瞬間

このエネルギーが生まれる瞬間をぜひ知りたくなりますね。

またダムと水力発電の話から進めていきましょう。

水力発電は、ダムから流れてくる水の勢いを利用してタービンを回して発電していますよ水素をミトコンドリアの内側から膜間腔へ汲み出す「呼吸鎖」

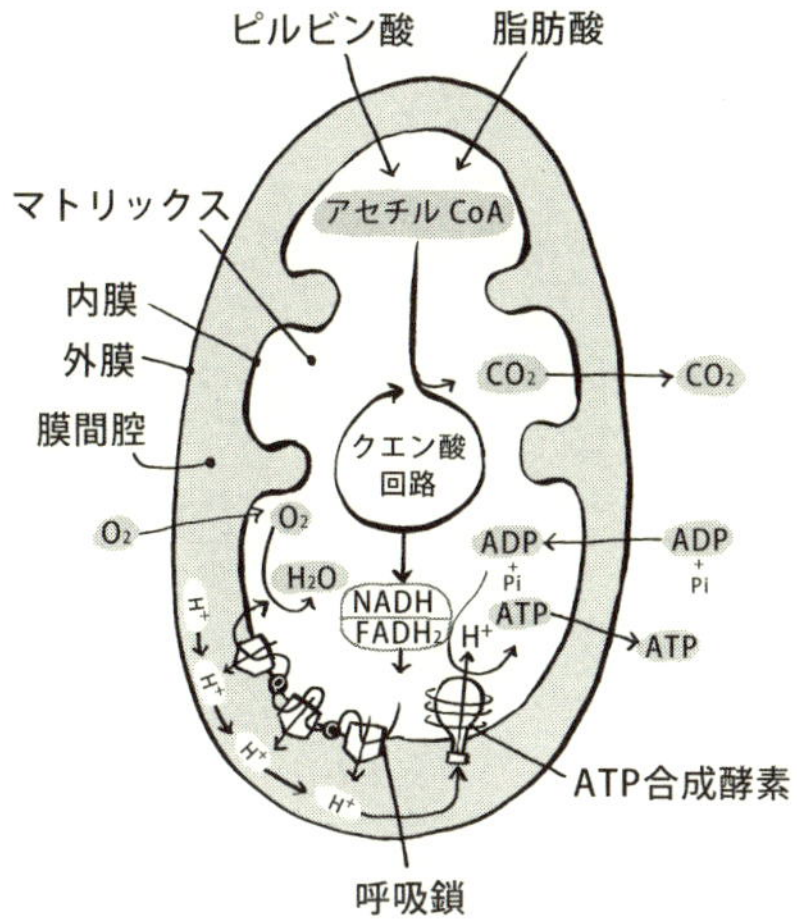

ね。

ミトコンドリアの内膜にもタービンがあります。それはエネルギーを合成してくれる「ATP」（合成酵素）の中にあります。タービンが回されるとエネルギーが合成されます。

では、何者がタービンを回してくれるのでしょうか？

水ではなく、水素です。

さきほど話したミトコンドリアの呼吸鎖において、酸素と電子は仲よく力を合わせて、水素をミトコンドリアの内膜と外膜との間の膜間腔に汲み出しましたね。狭い膜間腔は汲み出された水素でギューギュー詰めになっています。

このとき、貯まった水素のために、もう一

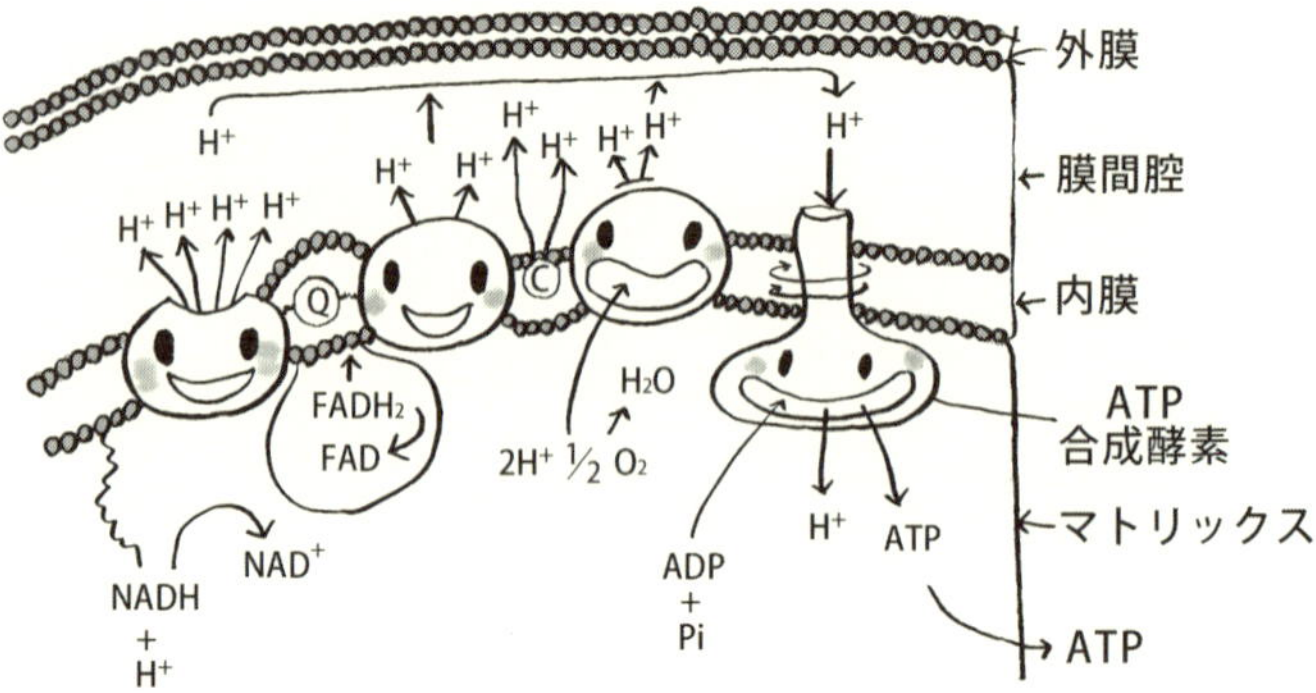

膜間腔へ汲み出された水素たちは勢いよく ATP 合成酵素の中へ飛び込み、ATP 合成酵素の中のタービンを回してくれる

つの入り口が用意されています。ＡＴＰへの入り口です。

水素たちは、われ先にＡＴＰ合成酵素の入り口を目指して勢いよくＡＴＰの中へ飛び込むと、直ちにそのタービンがくるくると回されていきます。タービンが回転すると、細胞内タンパク質の構造が変わり、エネルギーである「ＡＴＰ」が合成されるのです。

これが、脂肪酸がエネルギーになる「ＡＴＰ」に変換された瞬間です。

酸素がなければ、電子の力だけでは水素を汲み出すことができません。また酸素がなければ、クエン酸回路も全線運休となり、脂肪酸の分解も進みません。

人間は指一本を動かすにも、水を飲むにも、遺伝子をコピーするにも、脳の思考活動をするにも、生命活動のすべてがエネルギーに依存しています。

ミトコンドリアの変異によって、エネルギーがつくれなくなるミトコンドリア病もあります。ミトコンドリア病になると、エネルギーの産生ができません。だから手足を動かす力がなく、座れないとか、自力で歩けなくなるような状態になってしまうのです。

絶え間なく瞬時に莫大なエネルギーをつくってくれるミトコンドリアたち。

彼らは人体を支えるいちばん小さな「小人」でありながら、生命を維持する「巨人」なのですね。ディズニーの「白雪姫と小人」との関係ではありませんが、人体六十兆個の細胞の中に、こんなにも多くの「小人」たちが一所懸命タービンを回してくれているのです。それを想うと、人体はまるで童話のように神秘に満ち溢れているものですね。

ミトコンドリアさん、ありがとう！

４・若返るための最高の近道——吐納法

ミトコンドリアの数を増やそう

人間は加齢とともにミトコンドリアの数が減っていきます。

でも、大丈夫、ミトコンドリアは自ら遺伝子を持っています。筋肉を動かして運動すると、エネルギーの需要に応じてミトコンドリアの数も増えます。また、正しい吐納法を行なえば、ミトコンドリアの数も増えます。

現代人は、オフィスに閉じ込もってパソコンに向き合うことが多く、まったく運動しない方も少なくありません。それでは筋肉量もミトコンドリアの数も減っていきます。

オフィスの中でも家の中でも、手足を動かしながら、吐納法を行ないましょう。ミトコンドリアの数も増えます。「金メダル」ならずも「筋メダル」が授賞されます。筋肉量もエネルギーからホルモンまで合成してくれる多才多芸なミトコンドリア。彼らの数を増やしていけば、身体は表面ではなく細胞から元気になってきます。

ミトコンドリア病を改善した吐納法

視神経細胞のミトコンドリア遺伝子11778番が変異した「レーベル病」というミトコンドリア病があります。この病気を患った五十四歳の男性は大学病院では治療法がないため、治療を中断されました。遺伝性ですので、彼の二人の弟も視神経細胞のミトコンドリア11778番変異により失明しました。ところが、ご縁があってうちの教室で吐納法を練習して半年後、失った色覚が徐々に戻ってきました。桜が咲いたのが見えるようになり、街の看板の色を識別できるようになりました。さらに、失った視野も大幅に回復しました。

彼にはとても優しくて美しい奥さんがいます。奥さんは私にこう言いました。

「以前、お料理を出しても、いちいち料理の名前を説明しなければならなかったのですが、今は、説明がいらなくなりました。視野を失ったので、一人では外出できませんでした。今では、一人でどこにでも行けます」

彼はいま会社の仕事を楽しんでいます。

「病気になった当初は、そりゃあ落ち込みました。弟二人も全盲になったので、ひどく落ち込みましたよ」と話しています。

正直、私にとって初めての症例だけに改善できるものかどうかわかりませんでしたが、彼の視神経細胞のミトコンドリアがなんらかの形で修復され、若返ったに違いありません。遺伝子の再検査に期待したいところです。

二〇一三年のミトコンドリア学会で、私はこの症例を報告させていただきました。

ちなみにハーバード大学の研究陣がミトコンドリアの中のある物質を使ってマウスの若返りに成功したというニュースが飛び込んできました。テレビで観た若返った真っ白なマウスは元気で、とても可愛かったのね。

吐納法はすべてではありませんが、体調改善のためのきっかけになる可能性を秘めています。ミトコンドリア病の方にもお薦めです。

ミトコンドリアの品質を高めて癌予防に

癌細胞を自滅させる司令塔はミトコンドリアです。

研究によると、ミトコンドリアは細胞が癌化したのを察知すると、シトクロム c という物質を放出します。シトクロム c が放出されると、癌化した細胞を分解する酵素が活性されます。酵素は癌化した細胞をチョキチョキと切断し、その断片をさらに免疫細胞に渡して処分してもらいます。

癌にならない長寿者のミトコンドリアは良質良品に違いありません。

ミトコンドリアの品質を高める方法とは？

自ら行なう吐納法です！

吐納法は若返るための最高の近道

吐納法は若返るための最高の近道です。

なぜなら、若返りホルモンの多くが体脂肪に含まれており、それらの体脂肪の数を自由自在に増減できるのは吐納法だからです。コレステロールや中性脂肪は、身体を若々しくしてくれる性ホルモンの合成に使われる原材料です。吐納法を行なうことで、盛んに合成してもらうことができます。さらに、脂肪細胞から長寿ホルモンも分泌してもらうことができます。

長寿ホルモン「アディポネクチン」は、東京大学医学部付属病院の門脇孝教授、山内敏正講師らによって発見されました。アディポネクチンには、抗糖尿病作用、抗動脈硬化作用、抗炎症作用を併せ持つ分子があり、マウス実験では、アディポネクチンの受容体を活性化させる薬を投与することにより、マウスの寿命の短縮が改善されたのが認められました。

おデブちゃんには脂肪がいくらでも余っているものの、アディポネクチンの分泌量が少なく、逆に痩せすぎには、脂肪が少なすぎて、十分なアディポネクチンを分泌してもらうことができません。

ホルモンが身体に充満する、健康でバラ色の人生を送りましょう。

太りすぎには、おなかを凸凹にふくらませて酸素を多く納め、痩せすぎにはおなかを凹凹にへこませて、副交感神経を優位にして体脂肪を増やし、長寿ホルモンを多く分泌してもらいましょう。

私はこれを「腹の凸凹痩せと、凹凹太り」と呼んでいます。

この大地には、病院を行き来する道もあれば、自らできる吐納法という若返りのための最高の道も用意されています。

気持ちよく、森の中、砂浜、公園、お庭、電車、家の中、朝日を浴びながら、星空を眺めながら、テレビを観ながら……どこでも、いつでも、凸凸と凹凹しながら若返る道を歩きましょう。

世界の街の風景は美しくなるでしょうね！

（おわりに）

吐納法はミトコンドリアと直結している

古代の中国人はミトコンドリアのことなど知らずに、「吐納法」という呼吸法を編み出しました。近代に入ると、東洋医学により吐納法の多彩な生理作用効果が実証され、「医学気功学」「中医気功学」でその医学的効果が認証されています。中国の廣州中医薬大学の肖鑫和教授が私に教えてくださった「医学気功学」はこうした歴史の中で築き上げられた礎《いしずえ》でした。

最先端の電子顕微鏡の開発などにより、ミトコンドリアの姿がようやく見られるようになり、その動態と役割も多く解明されてきました。ミトコンドリアをテーマにしたノーベル賞受賞者が８名を超えたという実績を見ると、人間の未知を解明する上でミトコンドリアが重要な位置を占めていることが納得できます。

とはいえこの世界はナノメートルという極微の世界ですので、現段階ではミトコンドリアと吐納法との関連についての完全な解明はできていません。

私がミトコンドリアを知ったのは、中国の廣州中医薬大学で「医学気功学」を学んでいたときでした。大学生が勉強する「分子細胞生物学」のテキストで初めて目に入った「ミトコンドリア細胞呼吸小器官」という文字に、身体が震えるほどの興奮を覚えました。息を吐く、納めるという呼吸の仕方で酸素をコントロールする吐納法は、ミトコンドリアと直結しているに違いないと直感したからです。

生活習慣病の多くはウイルスによるものではありません。たとえば肥満の多くは、ミトコンドリアの機能低下によるものです。酸素をより多く納める「納気延長法」を日々行なえば、肥満は解消されます。

ミトコンドリアと息の仕方に着眼しながら、多くの臨床経験をもとに、二〇〇五年『生命力の回復・病気をなおすスーパー細胞呼吸法』(勉誠出版)という本を出版させていただき、教室名を「ミトコンドリア細胞呼吸学園」と登録させていただきました。以来、私は一貫して吐納法とミトコンドリアの関係を学ぶことになりました。その密な関係を詳しく調べるのは、私のこれからの課題です。

今度の出版にあたり、医学気功学を教えてくださった廣州中医学大学の肖鑫和前教授、北京中医薬大学の劉天君教授、北京体育大学の張廣徳教授に深く感謝いたします。

「腹式呼吸法の生理作用に関する研究」という研究テーマで桐蔭横浜大学大学院の川島徳道前教授、萩原啓実教授、西村裕之教授、竹内真一教授、飯島行恭前教授のご指導で、吐納法が体重、体温、血圧、自律神経に及ぼす影響に関する研究論文を学会発表させていただきました。これにも深く感謝いたします。

また、心温かく日本ミトコンドリア学会に受け入れてくださった太田成男教授、この本に序文を添えてくださった養生塾の恩師の帯津良一先生、私のつたない日本語を直してくださった原章さん（編集工房レイヴン）、編集の山崎佐弓さん、イラスト担当のなかひらまいさん、教室のみなさんに心より感謝申し上げます。

ありがとうございます。

曽　紅

教室日程のお知らせ

◎本格的に吐納法を勉強したい方は、次のような日程で参加できます。

月曜日　月二回・新宿区区民センター（教室開設予定―詳細はＨＰに掲載）

火曜日　木曜日　土曜日・牛久市のミトコンドリア細胞呼吸学園で開催中。

金曜日　月二回・工学院大学孔子学院の教室（詳細は同学院のＨＰに掲載）

◎太る、瘦せるの他、さまざまな症状を改善したい方々にもお薦めです。

「講師育成」コースもあります。

「女性細胞力の会」の設立のお知らせ

この本の出版を機に、「女性細胞力の会」を立ち上げ、月一回定期的に新宿区民センターの部屋をお借りして、生理不順、不妊、更年期障害など、女性特有の悩みを解消する会の開催準備をしております。

詳細：「ミトコンドリア細胞呼吸学園」で検索して下さい。

HP:http://sokou.jp　☎０２９-８７４-９９８６

風雲舎の本

トリガーポイントブロックで腰痛は治る！
――どうしたら、この痛みが消えるのか？――

加茂整形外科医院院長　加茂　淳［著］

「トリガーポイントブロック」とは、トリガーポイント（圧痛点）をブロック（遮断）することで、硬くなった筋肉をゆるめ、血行を改善し、痛みの信号が脳に達するのをブロックし、自然治癒が働くきっかけをつくっているのです。

（四六判並製　本体１５００円＋税）

腰痛は脳の勘違いだった
――痛みのループからの脱出――

戸澤洋二［著］

腰が痛い。あっちこっちと渡り歩いた。どこの誰も治してくれなかった。自分でトライした。電気回路的に見直したのだ。激痛は、脳の勘違い――脳が痛みのループにはまり込んでいたのだった。

（四六判並製　本体１５００円＋税）

野生の還元力で体のサビを取る

ミネラル研究家　中山栄基［著］

化学物質がもたらした「大酸化」の時代。還元物質を求め、ついにたどりついた自然の中の理想的なミネラルバランス！

（四六判並製　本体１５００円＋税）

がんと告げられたら、ホリスティック医学でやってみませんか。

帯津三敬病院名誉院長　帯津良一［著］

三大療法（手術、放射線、抗がん剤）で行き詰まっても、打つ手はまだあります。諦めることはありません。

（四六判並製　本体１５００円＋税）

身体の痛みを取るには気功がいい！

小坂整形外科医院院長　小坂　正［著］

触れば治る！　思えば治る！　気功のあと、患者さんのほとんどが、身体が軽い、楽だ、信じられない、「何、これ？」というような驚きを見せます。「これまで苦しんだン年間は何だったんでしょう？」と戸惑う方もいます。気功治療の実例を網羅。

（四六判並製　本体１４２９円＋税）

曽　紅（そ・こう）
工学博士（医用工学）。帯津三敬病院養生塾「ミトコンドリア細胞呼吸学園」主宰。学習院大学講師。ミトコンドリア学会会員。1952年中国廣州市生まれ。廣州外国語学院卒業後、廣州市余業大学日本語の助教。「見つかる」「見つける」の違いを説明できないことで来日。東海大学（修士）、学習院大学（日本文学博士課程）修了後、学習院大学中国語講師。
2001年茨城県牛久市で「ミトコンドリア細胞呼吸学園」を開設。ミトコンドリアと吐納法とのかかわりについて研究。2014年桐蔭横浜大学大学院にて「腹式呼吸法の生理作用効果について」という研究テーマで工学博士号。著書には『生命力の回復・病気をなおすスーパー細胞呼吸法』（勉誠出版）。
http://www.sokou.jp

痩《や》せるなんてかんたんよ
初版　2014年11月20日
著者　曽《そ》　紅《こう》
発行人　山平松生
発行所　株式会社　風雲舎
〒162-0805　東京都新宿区矢来町122　矢来第二ビル
電話　〇三―三二六九―一五一五（代）
FAX　〇三―三二六九―一六〇六
振替　〇〇一六〇―一―七二七七六
URL　http://www.fuun-sha.co.jp/
E-mail　mail@fuun-sha.co.jp
印刷　真生印刷株式会社
製本　株式会社　難波製本
落丁・乱丁本はお取り替えいたします。（検印廃止）

ISBN978-4-938939-77-9